MONSEIGNEUR FRANSONI

par C. Comte

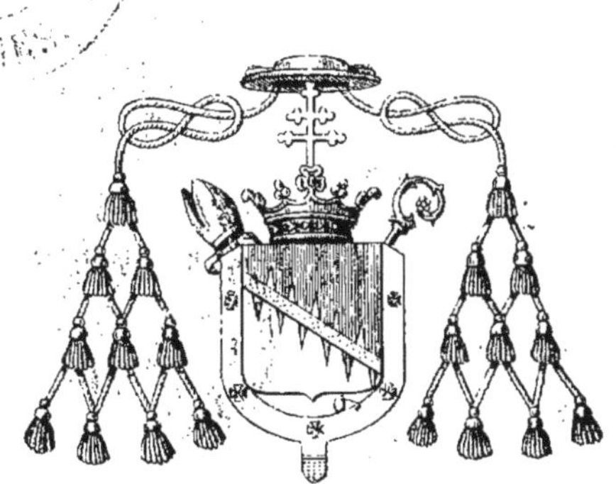

LIBRAIRIE EMMANUEL VITTE

3, PLACE BELLECOUR | 14, RUE DE L'ABBAYE (VIᵉ)
LYON | PARIS

1901

MONSEIGNEUR FRANSONI

MONSEIGNEUR FRANSONI

Peint au Doyenné par Sœur Bossan (1852)

MONSEIGNEUR FRANSONI

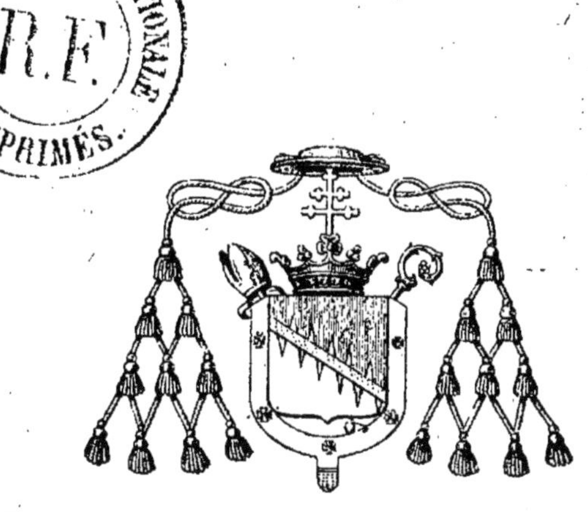

LIBRAIRIE EMMANUEL VITTE

3, PLACE BELLECOUR
LYON

14, RUE DE L'ABBAYE (VIᵉ)
PARIS

1901

MONSEIGNEUR FRANSONI

Colligite fragmenta ne pereant.

De 1848 à 1862, on a parlé beaucoup de Monseigneur Fransoni, archevêque de Turin. Tous les journaux ont raconté ses luttes courageuses, son inflexible droiture, son arrestation, son emprisonnement et son exil. Mais près d'un demi-siècle s'est écoulé. Les années sèment l'oubli. Ceux qui avaient vécu dans l'intimité du vénérable prélat ont presque tous disparu, ceux qui l'ont vu et connu se font rares. Et maintenant que ses restes précieux, enlevés à notre garde, sont revenus dans sa chère Eglise de Turin, où était restée engravée la meilleure part de son âme, ne convient-il pas d'arracher aux ravages du temps tout ce que nous avons pu recueillir de cette noble et sainte vie ?

Puissent ces quelques notes, réunies à l'aide de documents certains, aider à transmettre à d'autres âges le souvenir fortifiant de ce vaillant évêque et joindre, dans notre livre d'or, son nom à ceux d'Anselme et de Thomas de Cantorbéry, d'Innocent IV et de Jean Gerson que nous ont pieusement transmis les annales de notre illustre Eglise de Lyon. Ces pages n'ont pas d'autre but. *Colligite fragmenta ne pereant.*

Le 29 mars 1789 naissait à Gênes d'une famille célèbre, Louis-Alexandre Jean-Baptiste des Marquis Fransoni (1).

---

(1) Les Fransoni portent : Tranché de gueules et d'argent, à la cotice brochant d'or et contredenchée de cinq pointes d'argent et de cinq de gueules de l'un à l'autre.

Il n'avait que huit ans quand les troupes de la révolution
envahirent la Ligurie en 1797. Alors sa famille
erra de province en province pour fuir l'in-
vasion et enfin se fixa à Rome. En 1810 il alla à Florence
et y apprit d'un religieux capucin la science théologique. Il
rêva en ces jours de revêtir la livrée de son maître et
d'entrer dans la grande famille franciscaine, mais ayant
exprimé son désir à son père, il en reçut un refus formel.
Il revint donc à Gênes en 1814, prit l'habit ecclésiastique,
fut promu aux ordres sacrés et à peine eut-il été ordonné
prêtre, qu'il entra dans une société de missionnaires diocésains et mit tout son zèle à parcourir les parties monta-
gneuses de la Ligurie, enseignant le catéchisme, entendant
les confessions et, comme saint Vincent de Paul qu'il eut
toujours en spéciale dévotion, évangélisant les petits et les
pauvres.

C'est au milieu de cet humble et fructueux apostolat que
sa nomination à l'évêché de Fossano vint le surprendre.
Il avait à peine trente-deux ans. Il fut sacré dans le cours
de 1821 et, en décembre, fit son entrée solennelle dans son
diocèse. Il suffit de lire les lettres qui lui vinrent de Fossano aux jours de son exil pour comprendre quel souvenir
il avait laissé dans ce diocèse.

En 1831, par Bref du 12 août, il fut nommé administrateur apostolique du diocèse de Turin et archevêque par
Bulle du 24 février 1832 ; par une autre Bulle du 25 février,
il était nommé administrateur apostolique de Fossano.

Pendant vingt-sept ans, soit à Fossano, soit à Turin,
Mgr Fransoni gouverna dans l'intégrité de la foi, l'attachement à la sainte Eglise, la vigilance de la discipline, la
droiture des intentions, le zèle de la sagesse, et le dévouement de la charité. Aussi dans ces deux diocèses sa houlette
pastorale était-elle entourée de vénération, de docilité et
d'amour filial.

Au commencement de l'année 1848, se manifestèrent
des troubles, des agitations et des désordres qui n'étaient
que le prélude des luttes, des combats et des épreuves
qu'allait subir le vénérable archevêque.

Le 8 février 1848, le roi Charles-Albert fait annoncer la préparation de la Constitution. Le 4 mars suivant, elle est proclamée. On prétendait que l'archevêque donnerait pleine approbation au nouvel état de choses et y prendrait part en assistant au *Te Deum* et à la messe solennelle qui devait être célébrée devant l'église de la *Gran Madre*. Monseigneur, en cette circonstance, se contenta de permettre la cérémonie. Mais elle eut lieu sans son intervention personnelle.

Et comme ensuite des séminaristes et des prêtres croyaient être absolument libres et se dépouillaient de l'habit ecclésiastique, Monseigneur lança alors des lettres de prohibition et des lois disciplinaires qui sont encore en vigueur dans le diocèse de Turin. En même temps, il s'opposa vivement à la préparation de la loi Siccardi, dont le but était de détruire l'immunité ecclésiastique. Les ennemis avancés saisirent cette occasion pour agiter l'opinion et répandre partout qu'il était contraire aux concessions, et dès lors ils jurèrent de le faire partir de son diocèse et ils employèrent pour cela tout genre d'hostilité. Mgr Fransoni fut donc sollicité de quitter Turin. Plusieurs personnes, quelques-unes ses conseillères et entre autres le ministre du roi, Ricci, l'engagèrent, au nom même du roi, à disparaître, non par défaut de courage, mais par amour du bien. Et ainsi, mu par cette seule pensée, le 29 mars, à 6 heures du soir, il part de Turin et gagne la Savoie avec l'abbé Bruno, de Fossano, son maître des cérémonies. Le 31 mars, il arrive à Chambéry et, le soir du même jour, il est à Genève. Il y demeure jusqu'au mois de septembre de 1849, alors il revient à Chambéry et est reçu au palais épiscopal par Mgr Billiet, archevêque de cette ville et sénateur du royaume de Sardaigne.

Il séjourne à Chambéry cinq mois pendant lesquels il se prépare à rentrer dans son diocèse et prend ses dispositions pour vivre à Pianezza.

Le gouvernement, en apprenant cette résolution, lui fait savoir que son retour n'était pas au gré du roi Victor-Emmanuel II.

Au commencement de 1850, l'archevêque est tout à fait résolu de revenir au milieu de ses ouailles. Le 22 janvier, il écrit une lettre pastorale à ce sujet. Le 25 février, il quitte Chambéry, le 26, il arrive à Pianezza, village situé à cinq milles de Turin, où se trouvait sa maison de campagne. L'archevêque, en agissant ainsi par sa libre volonté, voulait obéir à la voix de ses devoirs envers son église et répondre à l'invitation de ses religieux diocésains. Le 27 février, il écrit de Pianezza au Roi lui-même, l'informant de son retour et des motifs qui le lui ont dicté.

Dans ce même mois de février, le cardinal Antonelli proteste contre la présentation aux Chambres du projet de la loi Siccardi, enlevant au clergé ses immunités, restreignant les fêtes et privant l'Eglise de la faculté d'acquérir des biens.

Le 15 mars, l'archevêque vient en son palais de Turin, où la populace l'insulte plusieurs fois, notamment aux fêtes de Pâques.

Le 9 avril, la loi Siccardi est promulguée en Piémont.

Le 18 avril, l'archevêque écrit une lettre pastorale à ce sujet.

Le 4 mai, le gouvernement le fait arrêter et le condamne à un mois de réclusion dans la citadelle.

Le 14 mai, le cardinal Antonelli proteste contre cet attentat.

Le 20 mai, le pape Pie IX, dans une allocution consistoriale, exprime le regret des mesures prises par le gouvernement sarde.

Le 5 août, mort du chevalier de Santa-Rosa, ministre du commerce, qui avait travaillé à la promulgation de la loi Siccardi.

Laissons maintenant la parole à Mgr Fransoni lui-même. Il va nous dire, avec les moindres détails, son arrestation, sa prison, sa condamnation, son exil et son arrivée à Lyon.

Nous donnons sa lettre telle qu'elle a été traduite vers la fin de 1850.

Du fort de Fenestrelle, le 16 septembre 1850.

Mon cher Chanoine,

Je connais trop vos sentiments envers le sacré caractère dont je suis revêtu, comme aussi, je ne crains pas de le dire, envers ma propre personne, pour douter un seul instant de la profonde affliction qu'a éprouvée votre cœur, à la nouvelle de mon arrestation et de mon incarcération au fort de Fenestrelle. Aussi, je ne crois pas me tromper en vous supposant un ardent désir de connaître cet événement jusqu'aux moindres détails ; et, d'autant plus, que toutes les relations publiées auront été peu d'accord entre elles, et que probablement aucune n'aura été en tout conforme à la vérité, comme il est arrivé lors de ma première arrestation. J'ai donc pensé qu'il vous serait agréable d'en recevoir une directement de moi-même : je vous l'adresse aujourd'hui.

Le 6 du mois d'août de la présente année 1850, au matin, six heures n'étaient pas encore sonnées à l'horloge, lorsque j'entendis frapper à la porte de la chambre que j'occupais à ma campagne archiépiscopale de Pianezza. C'était le P. Ferreri (1). Il venait m'avertir que le curé de Saint-Charles, arrivé à l'instant même de Turin, avait à me parler d'une affaire très pressante.

Je ne m'imaginai que trop quelle devait en être la nature ; je sortis de suite, et je trouvai ce religieux dans la première antichambre. Il m'annonça que, la veille au soir, le chevalier de Santa-Rosa était mort, et, à ce qu'il paraissait, sans avoir voulu faire aucune rétractation pour la part active qu'il avait prise à la promulgation de la loi abolissant le for ecclésiastique, et qu'il venait prendre mes instructions.

(1) Le P. Vincent Ferreri est un digne ecclésiastique, ancien dominicain, qui a été pendant longtemps curé de Saint-Mathieu à Tortone, puis recteur du Séminaire et examinateur synodal, et qui, après la mort de Mgr l'évêque Carnevale, s'étant fixé à Turin, venait habituellement, chaque année, passer quelque temps avec moi à la campagne.

À son récit, je jetai un profond soupir, et je lui répondis :
« Préparons-nous, mon cher Père provincial (1), vous, Ser-
« viteurs de Marie, et moi, Archevêque de Turin, non
« seulement à être chassés, mais encore à souffrir tout ce
« que la rage de l'enfer pourra suggérer à nos persécuteurs.
« Faisons néanmoins notre devoir, et abandonnons-nous
« dans les bras du Seigneur. » Et comme j'avais établi une
commission pour examiner ce que, dans le cas appréhendé,
on devait ou on pourrait faire selon les lois canoniques,
je lui dis, puisqu'il retournait immédiatement à Turin,
d'aller à son arrivée trouver quelques membres de cette
commission (je lui en indiquai deux), et de les prier, de
ma part, de bien étudier la question et de me faire connaître au plus tôt leur avis par un exprès, me réservant, de
mon côté, de lui donner ensuite connaissance de ce qui
serait décidé.

Environ une heure après, comme j'entendais la messe
dans ma chapelle, on vint m'annoncer l'arrivée du ministre
de la guerre. Je rentrai dans mes appartements, où je
trouvai le chevalier Alphonse de La Marmora, avec un
autre personnage qui m'était inconnu. Le premier prit
aussitôt la parole et me dit : « Je pense que Monseigneur
« connaît déjà la mort du chevalier de Santa-Rosa, à qui
« l'on a refusé le saint viatique, et, comme on prétend que
« la sépulture ecclésiastique lui sera également refusée, le
« conseil des ministres s'est assemblé ce matin ; et, tandis
« qu'il fait consigner les troupes dans leurs quartiers et
« prend toutes les dispositions pour empêcher des désordres,
« dont on redoute la gravité, il nous a envoyés vers vous
« pour savoir ce que Votre Grandeur pense faire. » Je lui
répondis, qu'en effet, le cas se présentait de telle sorte, que
je craignais de ne pouvoir permettre la sépulture, mais que,
dans une affaire aussi sérieuse (sans lui dire que j'attendais

---

(1) Le bon P. Bonfiglio Pittavini, non seulement dirigeait depuis
plusieurs années avec un zèle admirable et la plus grande prudence
la paroisse de Saint-Charles, mais encore ses mérites l'avaient fait
nommer, depuis quelque temps, provincial de la Congrégation des
serviteurs de Marie.

la réponse de la Commission, pour ne pas en compromettre les membres), je prenais le temps de réfléchir « Réfléchir! à quoi? répliqua vivement La Marmora. A cette « heure vous devez avoir réfléchi, et nous voulons de suite « une réponse. » A ce mot *nous voulons!...* j'avoue que mon caractère assez vif se souleva. « *Nous voulons!...* répondis-je; je comprends, cela signifie : *nous avons besoin, nous désirons...* » Mais aussitôt, rentrant en moi-même, je levai les yeux au ciel, et, me frappant le front de la main droite, je me dis : « Non, il ne s'agit pas de disputer sur les mots, « dans ces temps, ô mon Dieu! où l'on a tant de peine à « remplir ses devoirs. » Et, me retournant vers La Marmora, je lui répétai que je voulais absolument réfléchir avant de donner une réponse définitive, pour laquelle, du reste, il n'y avait pas urgence, les funérailles ne devant avoir lieu que le lendemain; que quelques heures me suffiraient, et qu'à midi il aurait certainement la réponse, s'il voulait l'envoyer prendre chez mon vicaire général. La Marmora reprit avec violence que dans un moment aussi critique, peu d'heures étaient encore un temps trop long; que la multitude, regardant cette difficulté comme une vengeance des ministres de Dieu, allait devenir furieuse et se porterait peut-être à dévaster le palais archiépiscopal, les monastères et les couvents de Turin, et que ma personne même courrait de grands risques. « Des dévastations m'af-« fligeraient beaucoup sans doute, lui dis-je, mais je ne « m'en croirai jamais responsable. Quant à ma personne, « je suis disposé à tout souffrir, mais je ne puis m'écarter « de mon devoir; je tiens trop à sauver mon âme. »

« Nous tous aussi, répliqua le Ministre, nous tenons à sauver notre âme : mais qu'est-ce que cela a affaire avec la loi sur le for ecclésiastique? Cette loi existe dans les autres pays, et nulle part on n'a cessé d'être catholique; je le dirais en face du Pape même. » — « Certainement, ajouta celui qui l'accompagnait, ce sont les gouvernements qui font ces sortes de lois; la sanction du Pape vient après. » Alors je me tournai vers lui, et lui demandai à qui j'avais l'honneur de parler. Il me répondit qu'il était le comte Ponza de Saint-

Martin, premier secrétaire du ministre de l'intérieur, et il ajouta qu'il avait été même chargé de me demander si je renoncerais à mon archevêché. « A cette heure, lui dis-je, il n'est pas question de cela; il s'agit de la sépulture et... » « Mais je ne puis vous dissimuler, dit-il en m'interrompant, que bien des personnes, vous voyant toujours hostile à la politique du gouvernement, pensent que c'est par une influence étrangère. — Nous ne parlons pas de politique, lui répondis-je, mais de conscience; quant à l'influence étrangère, je vous dirai seulement que ceux qui en parlent le plus n'en croient pas un mot (1). » Et, m'adressant au chevalier de la Marmora, je lui déclarai de nouveau que, pour le moment, je ne pouvais rien lui répondre au sujet de la sépulture, mais qu'à midi, il aurait infailliblement ma décision. Il me dit alors : « Je prends cela comme un refus. » Je lui répondis : « Vous êtes libre de le prendre comme vous voudrez; mais je vous déclare que ce n'en est pas un. » « Puisque Monseigneur est inébranlable, reprit le comte Ponza, je crois que nous pouvons nous retirer. » Ils se levèrent pour s'en aller, je les accompagnai; mais, arrivés dans la salle contiguë, le comte Ponza s'arrêta et me dit qu'il devait me demander officiellement ma démission. « Oh! répliquai-je, pour l'autre affaire, j'ai dit que je prenais le temps d'y réfléchir, mais pour celle-ci je n'en ai nullement besoin, et je vous répondrai de suite et décidément que je vous la refuse. Ne croyez pas cependant que je trouve ma position d'Evêque très belle; bien au contraire, surtout en ce temps-ci. Mais de même qu'un officier chargé de la

(1) Si quelqu'un faisait observer que j'aurais pu ajouter que si par influence étrangère on entendait celle du pape, non seulement j'en convenais, mais je m'en faisais gloire; comme aussi si l'on trouvait que dans mes autres réponses j'aurais pu dire quelque chose de mieux, je n'hésiterais pas à en convenir, mais en même temps je prierais de considérer qu'il y a bien de la différence entre une réponse a tête reposée et celle qu'on fait sur le champ, surtout dans l'anxiété où je me trouvais et que tout autre eût éprouvée à ma place. D'ailleurs, j'avoue que je n'ai ni le calme ni le don de prompte repartie de tant d'autres; je regarde même comme une des grâces spéciales, dont Dieu m'a comblé depuis quelques années, d'avoir pu m'en tirer comme je l'ai fait.

défense d'un poste, le voyant continuellement menacé et investi par les ennemis, s'il demandait à se retirer, passerait pour un lâche, je me croirais moi-même aussi lâche, si dans ces moments difficiles pour la religion, je renonçais à mon diocèse. » Ainsi finit mon entretien avec le chevalier de La Marmora et le comte Ponza; ils partirent, et je retournai à la chapelle, où je célébrai la messe et récitai le Chapelet selon mon habitude.

Après cela, au lieu d'aller avec les autres prendre le café, ce dont je n'avais en vérité nulle envie, je fis venir mon hommes d'affaires Nicola, et je lui dis d'avertir le curé Martini de se rendre de suite chez moi, et d'ordonner à son fils Jacques de préparer un cheval pour me porter une lettre à Turin. Quelques minutes après, le curé était dans mon cabinet. Je le priai de dire au notaire Valente de préparer un acte pour recevoir mon testament, tandis qu'avec deux témoins je me rendrais au presbytère, aussitôt que je saurais que tout serait prêt. J'écrivis ensuite à mon vicaire général, le priant de voir sans retard quelques uns des membres de la Commission, et, d'après leur avis, de porter immédiatement au ministère une réponse affirmative ou négative pour la sépulture en question. Et de suite, c'est-à-dire à neuf heures moins un quart, ma lettre partait pour Turin, où elle était remise à son adresse avant dix heures. Dans cet intervalle, j'avais envoyé hors de chez moi tous mes livres de compte, la correspondance de la Commission, et tous les papiers qui pouvaient le moins du monde compromettre quelqu'un. Cela fait, je finis de copier mon testament, et, à peine averti que le notaire était occupé à dresser l'acte, je me rendis avec le P. Ferreri et mon chapelain, l'abbé Daviso, à la maison du curé, où le trouvant seul avec son frère, je fis appeler l'abbé D. Gorrino pour servir de cinquième témoin. Cet acte terminé, je rentrai chez moi, et je pris seulement une tasse de café au lait; puis, j'écrivis une lettre, donnant, à tout événement, quelques instructions pour mes intérêts personnels, et je l'envoyai de suite par un exprès. A onze heures, il m'en arriva une de mon vicaire général, écrite avant qu'il eût reçu la mienne. Il me disait que le chevalier Octave de Revel s'était rendu à la métropole pour lui annoncer la mort du chevalier de Santa-Rosa, et lui représenter que si l'on ne permettait pas la sépulture ecclésiastique, on avait à craindre les plus grands désordres. Il ajoutait encore qu'un prêtre, qui ne voulait pas se nommer, l'avait prévenu en toute hâte que le conseil des ministres venait de décréter mon arrestation si je refusais la sépulture. Il terminait en priant le Seigneur de m'éclairer et de me protéger. Un quart d'heure après, le fils de mon homme d'affaires arriva avec la réponse du même vicaire général. A peine ma lettre reçue, celui-ci s'était présenté chez un des membres de la Commission, où il avait trouvé tous les autres rassemblés. Leur avis était, en suite d'une déclaration du théologien professeur Ghiringhello, confesseur du défunt, qu'on pouvait permettre la sépulture. Incontinent (c'est-à-dire un peu après dix heures), mon vicaire général s'était rendu au ministère de l'intérieur, où il avait déclaré qu'on n'y ferait aucune difficulté. Il m'envoyait en même temps la déclaration du confesseur, qu'il avait eu soin de faire mettre par écrit, et que, à une heure après midi, j'avais déjà renvoyée à Turin, la confiant à une personne sûre afin qu'elle la conservât soigneusement pour la faire, en son temps, inscrire sur les registres de l'Archevêché (1).

Ainsi cette matinée se passa au milieu des agitations. Je ne pus presque rien prendre à mon repas; il me fut même impossible, malgré le grand besoin que j'en ressentais, de pouvoir reposer un peu dans l'après-midi.

(1) Voici cette déclaration, signée par le professeur Ghiringhello :
« Je déclare que, comme personnage public, j'ai pris part aux
« actes du gouvernement dans toute la droiture de ma conscience,
« persuadé de n'avoir en rien violé les lois ecclésiastiques, sans cela,
« je n'y aurais pas pris part; et si cela m'était arrivé (c'est-à-dire de
« violer les lois sans le vouloir), je déclare réprouver ces actes, vou-
« lant mourir comme j'ai vécu, dans la communion de l'Eglise catho-
« lique, apostolique et romaine, soumettant mon jugement au sien
« et à son chef visible, le Pontife de Rome, vicaire de Jésus-Christ
« sur la terre. »

Vers six heures, on m'annonça M. Eugène Veuillot, frère du rédacteur en chef de l'*Univers*, journal de Paris, qui avait ouvert une souscription pour m'offrir une croix. Précisément, M. Veuillot venait me présenter cette croix, à laquelle était jointe la liste des souscripteurs, formant un petit volume imprimé avec luxe, tiré, me dit-il, en un seul exemplaire, et orné d'une riche reliure à mes armoiries, qui étaient aussi retracées sur l'étui renfermant la précieuse croix et l'élégante chaîne en forme de cordon, avec le gland. M. Veuillot était accompagné du comte de Cardenas, écrivain du journal l'*Armonia*, du chanoine Gastaldi et du P. Simonino, recteur du sanctuaire *della Consolata*, tous deux membres du bureau de la souscription ouverte par ce journal pour m'offrir une crosse. En m'offrant ces objets, M. Veuillot m'adressa quelques paroles contenant les choses les plus flatteuses (1). Je lui répondis en l'embrassant, et en lui disant que j'embrassais en lui tous les bons catholiques français qui avaient bien voulu prendre part à mes vicissitudes et qui, en m'offrant cette croix, me donnaient un gage si éclatant et en même temps si consolant de leur sympathie, non pas tant pour ma personne, que pour les principes religieux que j'avais l'honneur de défendre aux yeux du monde.

Il me remit ensuite quelques lettres de mes connaissances de Paris, un reliquaire contenant un fragment authentique de la sainte Couronne d'épines, que m'envoyait mon ami le baron du Havelt, plus, une petite boîte, ren-

---

(1) J'ai trouvé avec la croix la minute de sa courte allocution, la voici :

« Monseigneur, un grand nombre de catholiques français m'ont
« chargé de vous offrir un humble témoignage de leur vénération.
« La croix qu'ils ont l'honneur de vous présenter, par mes mains, a
« appartenu au saint Archevêque de Paris, Mgr Affre, qui, semblable
« au bon Pasteur, a su donner sa vie pour son troupeau. La France
« catholique s'est réjouie d'apprendre que cette croix d'un martyr
« reposerait désormais sur la poitrine d'un confesseur.

« Nous voulons honorer en vous, Monseigneur, tous les Evêques
« qui de nos jours et maintenant luttent pour la cause de Dieu,
« et se préparent, par les combats de la foi, aux sacrifices de la
« charité. »

fermant quelques lambeaux des vêtements de Mgr Affre, dont un teint encore de sang qu'il répandit en donnant sa vie pour éviter l'effusion de celui de ses ouailles bien-aimées.

En vérité, ce dernier présent ne pouvait venir plus à propos, puisque, dans ce moment si critique, j'avais à prendre pour modèle la fermeté de cet invincible prélat; et quoique sa croix dût déjà mettre sans cesse devant mes yeux cette fermeté, cette croix que lui avait donnée le roi Louis-Philippe à l'occasion du baptême du comte de Paris, il est incontestable que la vue de son sang devait produire sur moi une impression bien plus vive. Ce dernier entretien, bien consolant, termina cette journée d'ailleurs si pénible pour moi.

Le lendemain, c'est-à-dire le 7, je me trouvai plus calme. J'employai la matinée à expédier quelques affaires, et à dicter des lettres à l'abbé Daviso, non sans m'interrompre de temps en temps, pour lui faire observer combien ma position devenait de jour en jour plus difficile, ne voyant d'autre issue que d'être arrêté et conduit à Fenestrelle. Je fis aussi moi-même des lettres, entre autres une de recommandation pour mon frère le cardinal, en faveur de M. Veuillot, qui me l'avait demandée, en m'apprenant son intention de partir au premier moment pour Rome, et une seconde que j'y joignis, dans laquelle je lui détaillais les évènements de la veille; mais je ne la terminai pas, en cas où j'aurais quelques nouvelles à lui annoncer avant le soir.

A dîner, je mangeai avec appétit, et je reposai tranquillement pendant une heure, ce qui me délassa un peu de la fatigue que j'éprouvais de la journée précédente. Etant ensuite passé dans mon cabinet, je me mis à écrire à Mgr l'évêque de Tempio, m'excusant du retard que j'avais mis à répondre à deux de ses lettres sur l'état d'inquiétude où je me trouvais depuis quelque temps. « Qu'il vous suffise de savoir, lui disais-je, qu'hier le conseil des ministres avait décrété mon arrestation, si je ne permettais pas la sépulture du chevalier de Santa-Rosa. Heureusement une déclaration du professeur Ghiringhello m'a mis à même de la permettre, et pour cette fois le danger est passé. Cependant *quod differtur non aufertur* (ce qui est différé n'est pas perdu), car, comme le ministère veut absolument se débarrasser de moi, il trouvera bien quelque autre prétexte. » J'écrivais dans ces termes, dans la persuasion où j'étais que rien ne m'arriverait ce jour-là, lorsque, il était environ quatre heures et demie, j'entendis sonner à la porte extérieure, et, comme la fenêtre de mon cabinet donne dans la cour, je m'approchai, et je vis entrer un officier de carabiniers, avec deux autres personnes en habit bourgeois. A la vue du premier, je me dis : *nous y voici* ; mais, remarquant qu'après avoir parlé à mon domestique, ils se dirigeaient vers la basse-cour, je pensai que ce pouvait être des étrangers venus pour visiter le jardin, comme cela arrivait souvent. Mais restant à la même place, je vis qu'ils n'avaient fait que l'examiner (1), et que, retournant en arrière, ils venaient à la porte de la maison; alors mes doutes s'évanouirent et je me rassis à mon bureau pour les attendre. Au même instant, mon neveu Dominique, fils de mon frère Mathieu, entra pour me prévenir que, du jardin, il avait vu arriver une voiture en poste avec des carabiniers à cheval : je me hâtai alors de lui remettre mes deux lettres pour mon frère le cardinal, lui recommandant de porter à Turin celle qui était achevée, de la remettre à D. Acerbi, mon secrétaire, pour qu'il la fît tenir à M. Veuillot, et de terminer l'autre lui-même, en disant ce qui m'avait empêché de le faire, et racontant tout ce qui me serait arrivé. Ayant caché ces lettres, à peine avait-il eu le temps de se retirer que l'abbé Daviso vint m'annoncer le major Arnulf, des carabiniers, je répondis : *qu'il entre* ; il parut de suite, accompagné d'une autre personne en habit bourgeois. Je leur montrai des sièges et les priai de s'asseoir. Ils s'assirent, et le major me dit ensuite : « Monseigneur, je dois vous déclarer que je suis chargé de vous conduire à Fenes-

(1) J'ai pensé depuis que sur l'indication de mon domestique de faire entrer la voiture par la basse-cour, ils s'en étaient approchés seulement pour voir comment on y arrivait.

trelle. » Au nom de Fenestrelle, mon cœur précisément se dilata, soit que je craignisse l'incertitude où il m'aurait laissé, s'il m'eût dit seulement de le suivre, soit encore, parce que c'était le lieu justement que, comme je l'ai dit, je m'étais représenté depuis quelque temps, sous un aspect non désagréable. Je répondis que j'étais prêt et demandai seulement si j'avais le temps de prendre quelques effets. Oui, me répondit-il, pourvu que ce soit fait promptement. Il ajouta que je pouvais emmener avec moi un prêtre et mon domestique, pourvu qu'ils se soumissent à rester comme moi sans communication. J'appelai alors quelqu'un, le P. Ferreri se présenta : je le priai de dire à l'abbé Daviso que je partais pour Fenestrelle et qu'il me fît savoir s'il se sentait le courage d'y venir avec moi à de telles conditions. Le P. Ferreri, bon vieillard octogénaire, me répondit incontinent : J'irai moi-même. Son offre m'émut ; mais je lui dis que je ne pouvais le permettre, et tout en le remerciant, je lui répétai le message que je le priai de porter à l'abbé Daviso. Celui-ci arriva de suite et déclara d'un ton plein d'enthousiasme que non-seulement il était prêt à me suivre, mais qu'il s'en faisait même une gloire. Je n'ai jamais douté de vos sentiments, lui dis-je, mais je craignais seulement pour votre faible santé ; cependant, ne vous inquiétez pas, le Seigneur vous assistera. Je le chargeais de voir si François Gallo, mon maître d'hôtel, était également disposé à me suivre, et, s'il ne le pouvait à cause de son âge avancé de le dire à mon domestique Bernard Forneri, en ajoutant de faire sans retard les paquets. Ce fut le premier qui les fit, se déclarant prêt à m'accompagner.

Le major se mit ensuite à m'exprimer combien il lui était dur de remplir un pareil ordre, s'excusant sur ce que ceux qui servent sont souvent contraints... « J'en suis bien convaincu, répliquai-je, car sans doute celui qui exécute ces commissions est bien plus à plaindre que celui qui les reçoit. » Cela dit, je pris mon bréviaire, un petit portefeuille, avec ciseaux et canif, et une bourse contenant une petite somme, presque toute en or, que, contrairement à ma coutume, j'avais apportée cette fois de Turin, ayant un certain pressentiment de ce qui allait m'arriver.

Et remarquant, au milieu des papiers dont mon bureau était encombré, une lettre de Rome pour la publication d'un *Jubilé partiel*, je la pris à la main, et, la montrant au major, je lui dis : « Cette lettre, comme vous voyez, est une circulaire imprimée qui a déjà paru dans les journaux; il ne peut donc y avoir de difficulté à ce que je la fasse parvenir à mon vicaire général. — Pardon, me répondit-il, Monseigneur ne peut toucher à rien », et, me montrant son compagnon : « Voici M. le juge qui est chargé (je ne me souviens pas s'il dit de prendre ou bien d'examiner) tous les papiers. — Peu m'importe, repris-je, car, comme je l'ai dit, mon vicaire pourra la trouver dans tous les journaux. » Et je me mis à parler de la distance de Pianezza à Pignerol et de là à Fenestrelle, du temps que nous mettrions, des pays qu'on rencontre sur la route, non sans penser au sort qui attendait mes papiers, parmi lesquels je me souvins qu'il se trouvait une consultation théologique signée, et deux lettres qui, pour louer ma conduite, pouvaient causer du désagrément à leurs auteurs. Je parcourus alors des yeux mon bureau, et je remarquai que deux au moins de ces papiers se trouvaient ensemble, et que, pliés comme ils étaient, ils n'offraient qu'une superficie très étroite. Satisfait de cette découverte, je ranimai la conversation, et, au bout de quelques minutes, prenant en main mon bréviaire, au lieu de le remettre à la même place, je le posai à l'endroit remarqué, de manière à recouvrir les papiers, puis je continuai mon entretien avec le major.

Pendant ce temps, l'abbé Daviso préparait dans sa chambre son petit bagage, et, ayant plié les lettres écrites le matin, il saisit un moment favorable pour les confier au domestique, afin que le soir même, allant à Turin, il les remît à l'archevêché pour être envoyées à leur destination.

Ainsi toutes mes lettres, quoique dès l'instant de mon arrestation je fusse privé de toute communication, purent être expédiées, à l'exception seulement de celle que j'écrivais à l'évêque de Tempio, qui resta sur mon bureau, interrompue au point que j'ai noté plus haut, et dans laquelle le juge et ceux qui avaient ordonné le séquestre de mes papiers auront pu lire que je m'attendais d'un jour à l'autre à être arrêté, par la grande raison que le ministère voulait absolument se débarrasser de moi. Je dis par la grande raison, car du reste j'ignore complètement quel autre prétexte on a pu prendre pour exécuter ce jour-là une pareille mesure à mon égard, puisque j'avais permis la sépulture.

Le major était impatient de partir, et en cela je me trouvais parfaitement d'accord avec lui ; mais les postillons qui pensaient que les chevaux après avoir fait cinq milles en avaient encore neuf à faire pour arriver à None, voulurent les laisser reposer un peu et leur donner l'avoine. Il fallut donc se résigner à attendre. Dans cet intervalle, le curé de Pianezza se présenta à mon cabinet, mais le major lui dit qu'il m'était défendu de parler à qui que ce fût, et lui ordonna de se retirer, ce qu'il fit en pleurant. Je le vis un moment après traverser la cour et entrer dans l'habitation de mon homme d'affaires. Au bout de quelques minutes, on vit enfin s'approcher la voiture ; je mis alors dans ma poche mon portefeuille et ma bourse, je portai la main sur le bréviaire en appuyant le pouce sur le bord, et tandis qu'il s'élevait naturellement du côté opposé, je passai facilement les autres doigts sous le livre et sous les papiers qu'il recouvrait, allongeant la main de manière à les faire étroitement adhérer au bréviaire, et je m'en allai, ayant soin de le porter horizontalement pour cacher la vue des papiers. Descendu à la porte qui ouvre sur la cour, j'y trouvai rassemblées en dedans toutes les personnes de la maison, parmi lesquelles mon neveu que je tenais à embrasser avant de partir. Mais inquiet de ce que je voulais tenir caché : « Laissez, lui dis-je, que je dépose ce livre, et je suis à vous. » Je sortis, et m'approchant de la voiture j'y déposai mon bréviaire avec toutes les précautions nécessaires, et aussitôt je rentrai. J'embrassai mon neveu, ainsi que le P. Ferreri, qui avait les larmes aux yeux. Cela fait, je m'avançai de nouveau vers la voiture ; j'étais sur le point d'y monter, quand mon maître d'hôtel me fit signe de regarder à gauche; je vis alors mon neveu à genoux qui me dit : « Mon oncle, donnez-moi votre bénédiction qui m'est si précieuse aujourd'hui. »

Je l'avoue, son action et ses paroles m'émurent d'autant plus vivement que de nos jours les sentiments religieux ne sont pas ceux qui dominent le plus facilement dans l'esprit de la jeunesse. Je le bénis de tout mon cœur, je lui donnai mon anneau à baiser et lui serrai fortement la main. « A moi aussi votre bénédiction », entendis-je crier; c'était le P. Ferreri, agenouillé de l'autre côté. Je le bénis aussi; je bénis également l'homme d'affaires à genoux un peu derrière; de la voiture où je montai, je bénis encore sa femme et sa belle-fille que je voyais à genoux hors de leur habitation. Je saluai le curé qui en était sorti, auquel l'abbé Daviso voulait adresser la parole; mais le major, assis de mon côté, l'en empêcha. Sur la route, je vis à gauche un certain nombre de personnes, en grande partie des femmes agenouillées; je leur donnai ma bénédiction, et à droite quatre carabiniers à cheval qui me saluèrent et que je saluai aussi. A l'extrémité du village était encore une foule de personnes qui regardaient remplies d'étonnement, et quelques pas plus loin, six autres carabiniers dont le commandant s'approcha de la voiture, appelé par le major qui lui dit qu'on n'avait plus besoin de lui et qu'il était libre de se retirer.

Nous poursuivîmes notre route accompagnés des quatre premiers; deux autres déguisés occupaient le siège de devant, tandis que mon maître d'hôtel occupait celui de derrière. Quelques instants après, nous rencontrâmes le curé de Collegno, l'abbé None, avec son vicaire, l'abbé Operti : le passage de la voiture et des carabiniers leur avait assez dit de quoi il s'agissait, et ils venaient avec sollicitude s'en assurer. Ils me saluèrent d'un air de tristesse, et, de ma part, ayant répondu à leur salut par un sourire, ils continuèrent leur route vers Pianezza, pour aller, je pense, trouver le curé et s'informer de lui comment tout s'était passé. Les personnes occupées dans la

filature située en haut de la descente qui mène au pont de
Collegno, avaient fait sans doute le même raisonnement
que le curé ; elles se tenaient aux aguets, épiant l'arrivée de
la voiture. A peine la virent-elles qu'elles sortirent, et se
rangèrent à genoux le long de la route, je leur donnai ma
bénédiction. Nous traversâmes la Dore, et de l'autre côté
du pont nous trouvâmes un groupe d'hommes descendus
par un sentier et apostés pour faire une démonstration
contraire. Quelques-uns commencèrent par saluer, mais
aussitôt les autres se mirent à fêter les carabiniers, leur
criant : Bravo ! bravo ! Très bien ! très bien ! et d'autres
paroles mêlées à quelques sifflets, et que je n'ai pu comprendre. Je dis alors à l'abbé Daviso : C'est la bande
de NN...

Au bout de la longue et pénible montée, un nouveau
sifflet frappa nos oreilles et fit dire à mon compagnon : *Ce
sont les mêmes que tout à l'heure ; ils ont fait le tour.* Je
lui répondis que ce n'était pas là, mais bien plus loin que
nous devions les trouver, à l'extrémité de la route, près du
poids public. En effet, arrivés là, nous les trouvâmes qui
nous attendaient ; ils répétèrent les mêmes applaudis-
sements aux carabiniers. Cependant les habitants qui sor-
taient de leurs boutiques s'agenouillaient, ou nous
saluaient avec tristesse, montrant clairement qu'ils
n'avaient rien de commun avec ce que quelques-uns appel-
lent aujourd'hui le peuple.

Nous sortîmes de ce village, et prîmes la route de Gru-
gliasco, où presque personne ne remarqua notre passage.
Nous traversâmes de même Stupinigi. Avant d'arriver à
Candiolo, nous rencontrâmes deux prêtres en soutane,
mais je ne pus les reconnaître, ne les ayant aperçus qu'au
moment où la voiture passait dans le parcours de cette
localité nous n'attirâmes que très peu de regards. Lorsque
nous en sortîmes, je me mis à réciter Vêpres et Complies
avec l'abbé Daviso : nous réservâmes Matines pour le lendemain, dans la pensée que le temps ne nous manquerait
certainement pas. Près de None, le brigadier des carabiniers poussa son cheval en avant ; mais le major, qui

comprit qu'il voulait avertir ses collègues de cette station de les remplacer, le rappela et lui dit qu'il n'avait plus besoin d'escorte ; puis, se tournant vers moi, il ajouta : Ils sont si peu de monde, que ce serait vraiment les surcharger. Je ne répondis pas. Nous passâmes ensuite devant le presbytère ; l'abbé Daviso vit un ecclésiastique sur la porte qu'il salua, l'ayant d'abord pris pour le curé. Au même instant la voiture s'arrêta devant la poste aux chevaux, et le major ordonna aux carabiniers de faire éloigner les curieux qui s'étaient rassemblés. Peu après nous vîmes apparaître le curé, l'abbé Abrate, avec un autre prêtre, avertis sans doute par l'ecclésiastique dont nous venons de parler. Ils s'adressèrent aux carabiniers et leur demandèrent si l'on pouvait s'approcher de la voiture, mais ils essuyèrent un refus, que je leur confirmai par signes, les saluant en même temps avec la main. Ils m'en parurent vivement touchés, car ils baissèrent la tête, et ils se retirèrent aussitôt. Dans cet intervalle les chevaux avaient été relayés, et nous repartîmes. Après quelques pas, j'aperçus sous un portique, à gauche, quelques hommes qui regardaient tout joyeux, et je remarquai même que l'un d'eux, se pressant la gorge avec le pouce et l'index de la main droite, serrait et poussait en haut ses doigts en ricanant, et s'efforçait de faire sortir ses yeux de leurs orbites.

Ce geste me fit ressouvenir de Mgr Marilley qui, moins de deux ans auparavant, arrêté à Fribourg dans son palais épiscopal, et conduit au château de Chillon, fut accueilli à son passage à Lausanne par les sifflets et les hurlements de la multitude, auxquels se mêlaient les cris distincts : *Qu'on le pende ! qu'on le pende !...* Il y avait pourtant une différence : Mgr Marilley passait au milieu d'un peuple qu'il savait protestant, et moi, je traversais un pays que je devais croire tout catholique.

Au bout de ce village les carabiniers firent volte-face et nous laissèrent. Il ne resta plus avec le major que les deux qui étaient déguisés et qu'il avait sans doute choisis parmi ceux qui avaient toute sa confiance. Un d'eux cependant semblait la posséder à un degré encore plus élevé, car, à chaque fois qu'il avait besoin de quelque chose, on l'entendait appeler : *Perona !* Il se faisait tard, et la lumière du jour commençait à nous manquer. Notre passage par Airasca eut lieu sans qu'on y fît presque attention. Les chevaux, peut-être déjà fatigués, allaient assez lentement, aussi le reste de la course nous parut très long, d'autant plus que nous ne savions que dire ; non pas que beaucoup de choses ne se fussent présentées à mon esprit. Plusieurs fois j'avais été sur le point de demander au major s'il était parent du prêtre Arnulfi, professeur à l'Université, auquel appartenait la voiture où nous nous trouvions ; comment, le matin, s'étaient passées les funérailles du chevalier de Santa-Rosa, et beaucoup d'autres choses. Mais m'étant fait une loi de m'abstenir de toute question qui pouvait toucher à la mesure prise à mon égard, ou qui indiquât la plus petite curiosité, je me trouvai avoir épuisé, dans la première partie de mon voyage, la matière à laquelle je voulais me restreindre. D'ailleurs, le major ne se prêtait guère à la conversation ; rarement il parlait le premier, et quoiqu'il répondît toujours avec politesse, ajoutant parfois quelques mots à ses réponses, néanmoins, il laissait constamment apercevoir une grande préoccupation, de sorte qu'on pouvait supposer combien lui pesait l'ingrate mission dont il était chargé ; tandis qu'au contraire le témoignage de ma conscience me faisait éprouver, je ne dirai pas seulement une tranquillité, mais même une joie intérieure difficile à rendre, et que partageait avec moi l'abbé Daviso. Comme le major disait de temps en temps quelques mots, j'en profitais, quand je pouvais, pour prolonger la conversation. Ainsi, quand il me racontait que c'était lui qui avait aposté les six carabiniers à l'entrée de Pianezza, parce que ce nombre n'avait été envoyé que pour le cas où la population aurait voulu s'opposer à mon arrestation, je lui répondis que cette population m'était certainement bien attachée, mais que je ne croyais pas qu'elle eût jamais résisté à l'autorité. Cette résistance se fût plutôt manifestée si une bande d'émeutiers fût venue de Turin pour m'insulter : et comme je prévoyais, que même en ce cas-là, elle aurait fini par se compromettre, la veille j'avais prié le curé d'employer son influence pour empêcher tout mouvement, et de faire connaître que, où se présenterait la force militaire, j'étais décidé de rester à mon poste et de me laisser arrêter. Si, au contraire, il se fût agi d'une bande de vauriens, ne croyant pas alors devoir m'abandonner à leur merci, j'avais résolu de partir seul de chez moi, de me rendre dans la campagne en un lieu désigné : et là, un bon habitant de Pianezza serait venu me rejoindre avec une carriole, et m'aurait conduit où j'aurais voulu. Je ne me serais pas servi de ma propre voiture, pour mieux cacher la direction que j'aurais eu à prendre.

Ainsi, tantôt parlant, tantôt gardant le silence auquel, d'ailleurs, nous invitait l'obscurité de la nuit, nous fîmes, bien que lentement, le reste du chemin pour Pignerol, où, à notre arrivée, nous nous arrêtâmes à gauche sur la place et devant un édifice à portiques. Le major, que l'on avait expédié de Turin avec tant de hâte qu'il n'avait pas même eu le temps de dîner, descendit pour prendre quelque chose ; pendant ce temps, on songea fort à propos, puisqu'il était déjà neuf heures, à allumer les lanternes. Mais les domestiques improvisés, nouveaux dans leur métier, ne savaient comment faire pour les ouvrir. Après des efforts redoublés sur l'une des lanternes (*tira, tira*), elle cède enfin à la force selon l'usage de tous les temps, mais un des cristaux se détache, et tombe sur le pavé, où il se brise en mille morceaux avec le bruit désagréable que tout le monde connaît. Il fallut donc renoncer à l'allumer, d'autant plus qu'il faisait beaucoup de vent, et se contenter de l'autre vers laquelle se portèrent tous les soins. Grâce à leur expérience, quoique malheureuse, ils réussirent cette fois, et elle fut assez promptement ouverte et allumée. Cette opération faite par le moyen d'une petite lanterne qu'on avait apportée peut-être de la poste, on allait la remporter, mais quelqu'un des assistants pensa à s'en servir pour plonger ses regards dans la voiture. Je la vis alors s'approcher, puis changer plusieurs fois de place,

comme si elle ne produisait pas l'effet voulu, ce qui me
fut clairement démontré par une voix qui dit en patois
piémontais : *Ce diable-là s'est caché.* Le fait est que je
n'avais pas bougé de ma place, mais comme la lanterne
était garnie de verres de tous côtés, et que celui qui la portait la tenait élevée entre les curieux et moi, sans avoir
même l'esprit de s'en garantir lui et les autres avec la main,
la clarté nous éblouissant tous, leur enlevait ma vue
comme elle me cachait la leur.

En attendant, le major ayant pris son café au lait qui,
pour ce jour-là, devait lui servir de dîner, était remonté
en voiture, où il eut la précaution de faire entrer mon
maître d'hôtel, pour le garantir de l'air extérieur qui s'était
singulièrement refroidi, et, nos chevaux étant changés,
nous partîmes au galop. Au même instant, de joyeux batte-
ments de mains se firent entendre sous les portiques.
Cependant au cri redoublé d'*arrêtez ! arrêtez !* notre voiture n'avance plus et, en même temps, ces applaudisse-
ments cessèrent. Je crois qu'un des chevaux s'était
embarrassé les jambes dans les traits : il fallut le débarrasser ; un instant suffit, et nous reprîmes notre course. Alors
commença la même démonstration sous les portiques.
L'observation que je fis, qu'on avait attendu le moment de
notre départ, et qu'on s'était tû à notre premier arrêt, me
fit croire que ceux qui applaudissaient conservaient un
reste de pudeur, et étaient encore novices dans le mouvement. Car insulter effrontément à celui qui est au pouvoir
de la force, fût-il même un coupable avoué et des plus
criminels, est un acte de civilisation à l'usage de ceux-là
seulement qui se trouvent plus avancés dans ce qu'on
appelle le progrès moderne. Celui donc qui avait, à des-
sein, envoyé un exprès de Turin pour provoquer cette
démonstration, ne fut pas servi selon ses désirs, et même
sous ce rapport dépensa malheureusement son argent.

Nous sortîmes de Pignerol et prîmes la route de Fenestrelle, et comme le major avait été informé qu'il n'existait
aucun relai entre ces deux postes, il nous prévint qu'il
fallait nous résigner à passer peut-être une heure à Pérosa

pour laisser aux chevaux le temps de se reposer. Cet avis ne pouvait nous être agréable, car nous désirions tous également arriver à notre destination ; mais comme il n'y avait aucun remède, chacun prit son parti, et se dit en lui-même : *Patience.*

Durant le trajet nous échangeâmes peu de paroles, car une tendance commune nous portait au même but, c'est-à-dire d'essayer de dormir, et s'il ne fut pas donné à tous d'y parvenir également, tous nous en avions le désir, et nous restions dans un silence parfait, qui ne fut interrompu qu'à la vue confuse de quelques maisons, à la halte de notre voiture, et lorsque le bruit que firent nos chevaux, qu'on dételait, nous avertit que nous étions arrivés au lieu où nous devions nous arrêter. Il était environ onze heures. Le major me demanda si je voulais descendre à l'auberge, je lui répondis, que si rien ne s'y opposait (protestation indispensable de ceux qui ne sont pas libres) je préférais rester dans la voiture. *Je crois aussi*, dit-il, *que c'est le meilleur parti.* Un moment après une petite porte s'ouvrit à l'hôtellerie, qui était à droite et je vis une petite lampe qui éclairait une salle basse, mais cette porte se referma bientôt, et, peu après, j'en entendis une autre s'ouvrir ; au bruit, elle me parut plus grande, c'était probablement la porte de la cour par laquelle on introduisait les chevaux à l'écurie ; en effet, nous les entendîmes de ce côté. Tandis que nous étions là à attendre, je cherchai à distinguer ce qui nous entourait, et, au milieu de l'obscurité, j'eus peine à voir que nous avions une place à notre gauche. Puis je levai les yeux sur l'édifice à droite, et j'aperçus une inscription sur le mur, et, à la faveur de la faible clarté de l'unique flambeau qui restait, je pus lire : *Ancien Hôtel du Soleil.* Et autant que cette faible lueur me permettait de le distinguer, il me sembla que cet astre y était représenté à son coucher.

A onze heures et demie, Perona s'approcha pour nous dire que les chevaux allaient être prêts. Le major qui comprenait que, dans tous les cas, nous arriverions trop tôt à Fenestrelle, c'est-à-dire bien avant que le pont-levis fût abaissé, et par conséquent que nous n'aurions pas pu entrer dans le fort, le chargea de dire aux postillons de prendre tout le temps qu'il leur fallait. Il obéit sans doute exactement, car l'horloge avait déjà sonné minuit, quand le pas des chevaux qui s'approchaient vint nous annoncer que nous allions partir. Peu de minutes après nous étions en route, cherchant tous de nouveau à nous abandonner au repos, et quoique notre sommeil ne fût ni profond ni continu, néanmoins il contribua beaucoup à diminuer les ennuis d'un long voyage et d'une lente montée. Aussi, traversâmes-nous plusieurs villages sans nous en apercevoir (1). Arrivés à un certain endroit nous entendîmes tout-à-coup frapper à la vitre de la portière ; c'était Pérona qui depuis quelque temps marchait pour se défendre du froid devenu très piquant, et qu'en patois du peuple piémontais il qualifiait d'une épithète féminine qui n'est pas à rapporter. C'était pour nous faire baisser la glace, afin de nous prévenir que nous étions près des portes. En effet, un instant après nous passâmes sur un pont-levis, puis sous une arcade, près de laquelle nous vîmes une guérite, mais point de factionnaire. Quand nous fûmes de l'autre côté de ce qu'il supposait une porte (2), au lieu de nous trouver au milieu des maisons, nous ne voyions à droite que des rochers, et à gauche nous n'entendions que le bruit du torrent Cluson ; le major en témoigna son étonnement à Pérona : « Oui, major, répondit celui-ci, la porte est passée, mais la ville (*sic*) est encore plus loin. Aussi, voyant que nous ne pourrions encore pénétrer dans le fort, j'ai demandé aux postillons quelle était la meilleure auberge, et ils m'ont dit que c'est celle de la *Rose Rouge*. » — « Allons donc à la *Rose Rouge*, » répartit le major. Après avoir marché encore plus de dix minutes, nous arrivâmes enfin à Fenes-

---

(1) Castel-del-Bosco, Villaretto et Mentoulles.
(2) Nous apprîmes depuis que c'était un passage en dessous du nouveau fort construit par Charles-Albert, également en dessous du fort principal, et pour en remplacer un autre qui existait déjà de l'autre côté, et qu'on jugea à propos de détruire à cause des réparations considérables qu'il aurait fallu y faire.

trelle. La voiture s'arrêta devant une grande porte à gauche
près de laquelle se trouvait Pérona qui frappait et refrap-
pait. Quelque temps après, elle s'ouvrit, la voiture entra
et nous nous trouvâmes dans une cour. Les habitants de
l'auberge qui dormaient d'abord d'un profond sommeil,
parurent peu à peu avec des lumières, les uns conduisirent
les chevaux à l'écurie, les autres montèrent préparer un
logement et allumer du feu. Le major m'invita à descendre
pour aller me chauffer. Ne croyant pas à propos de répéter
que je préférais rester dans la voiture, je descendis, et,
après avoir monté quelques degrés, je fus introduit dans
une salle assez grande, à deux lits, ayant une table au milieu et quelques autres meubles, parmi lesquels plusieurs
chaises, les unes en bois, les autres couvertes d'un vieux
tissu de paille. Nous les approchâmes de la cheminée, où
quelques bûchettes entretenaient un petit feu, qui n'était
pas désagréable, quoique nous fussions au 8 août, mais il
ne dura pas longtemps. Nous étions à nous chauffer quand
trois heures sonnèrent à l'horloge de la commune. Le
major vint nous proposer de prendre le café, nous le remer-
ciâmes, car ni l'abbé Daviso ni moi n'avons l'habitude d'en
prendre. Il le commanda alors pour lui, et en fit servir à
ses deux subalternes, ainsi qu'à mon maître d'hôtel. Après,
Pérona, du consentement du major, alla chercher le brigadier du poste. Celui-ci arriva de suite et nous confirma que
les ponts-levis du fort ne se baisseraient que dans une
heure; il ajouta qu'il allait se rendre de nouveau aux portes, pour venir ensuite nous avertir dès que l'abaissement
de ces ponts aurait lieu. Il revint, en effet, à cinq heures,
et aussitôt, mon bréviaire sous le bras, nous descendîmes,
pour nous y rendre à pied, comme je l'avais préféré. Arrivés dans la cour, je remarquai sur la portière de la voiture,
qui était fermée, l'écusson d'une famille noble. Je m'approchai pour le mieux examiner, et je vis que l'écu était tra-
versé par une bande horizontale avec deux étoiles, sur-
monté d'un aigle, et un arbre au dessous. Sur le chemin
nous rencontrâmes quelques ecclésiastiques qui, tous, se
mirent à nous saluer, quelques-uns même s'agenouillèrent,

et par là je connus que ceux-ci étaient des séminaristes.
Nous gravîmes ensuite la montée et, en moins d'un quart
d'heure, nous étions dans le fort. Nous entrâmes sous un
portique, dans un bâtiment à gauche ; le major s'adressa à
un lieutenant, et lui demanda le gouverneur ; il répondit
qu'il allait le prévenir, et nous fûmes introduits dans une
petite salle à droite. Un instant après le major fut appelé,
il sortit et nous confia à la garde d'un adjudant, qui se mit
à se promener devant la porte. Nous nous attendions aussi
à être appelés, mais l'ordre se fit attendre longtemps, et ce
fut enfin le major qui vint nous prendre pour nous accompagner chez le gouverneur, chevalier Alphonse de Sonnaz
qui nous accueillit avec respect et urbanité. Le retard qui
avait eu lieu provenait de la surprise que lui avait occa-
sionnée mon arrivée, dont il n'était nullement prévenu,
comme aussi de la difficulté de loger trois personnes qui
eussent entre elles une libre communication et aucune
intelligence avec le dehors. Pour parvenir à ce but, il ne
trouva pas d'autre moyen que de nous établir dans trois
chambres situées au dessous de son appartement, et occupées par des officiers. Il fallut donc les faire déménager,
leur trouver un autre logement, y transporter leurs meubles
et les remplacer par d'autres à notre usage. Tout cela demandait du temps, surtout le dernier objet, car rien, absolument rien ne se trouvait dans le fort ; on devait tout aller
chercher à Fenestrelle : or, quoique on donne à ce lieu le
nom de ville, il ne contient qu'une population d'environ
huit cents âmes, et n'offre que des ressources très limitées.
Si le gouverneur m'eût fait part de ces circonstances, je ne
me serais certes pas étonné, comme je le taisais, d'être
obligé d'attendre chez lui, et de le voir à chaque instant
sortir et demeurer quelques fois longtemps dehors, me
laissant toujours avec le major qui, sans cela, n'aurait pas
tant attendu pour s'en retourner.

Pendant une des absences du gouverneur, le major fut
appelé, peut-être pour dresser l'acte de ma remise ; il
rentra un moment après pour prendre congé de nous. Il
s'approcha pour me baiser la main, tandis que je serrais la

sienne, et il partit. Nous restâmes seuls et toujours à attendre. Le gouverneur ne tarda pas cependant à paraître ; il nous dit : « J'espère que cette fois nous sommes au bout » ; et, s'inclinant, il me baisa la main. Je l'embrassai, et il s'assit près de moi. Cependant il parlait peu, et il semblait penser beaucoup. Il baissait souvent la tête et il se frottait longuement le front avec la main, qu'il faisait ensuite descendre pour caresser sa barbiche. On voyait un homme embarrassé au delà de toute expression, et je dirai même combattu intérieurement entre la tendance de son cœur et ce qu'il croyait son devoir. Comme après avoir échangé quelques paroles, il sortit de nouveau, je profitai de l'occasion pour réciter matines et laudes avec l'abbé Daviso ; ensuite, *n'étant pas encore au bout,* nous nous mîmes à nous promener de long en large dans la chambre, exercice que nous eûmes tout le temps de prolonger à notre aise, puisque ce ne fut qu'après midi que le gouverneur, en uniforme de général, vint enfin nous prendre pour nous conduire à l'étage supérieur, qui nous était destiné, et il nous y laissa.

En mettant le pied dans ce nouveau logement, il nous sembla respirer, car, en vérité, nous ne voyions pas le moment d'être seuls et libres. Nous commençâmes à mettre tout en ordre, chacun dans sa chambre, et à ranger le petit bagage que nous avions apporté. Ce fut alors seulement que je pus examiner les papiers que j'avais emportés sous mon bréviaire ; car, comme je l'ai dit, il m'avait été impossible dans ce moment de vérifier s'ils étaient deux ou trois. Ayant eu la satisfaction de les trouver tous, c'est-à-dire la consultation théologique et les deux lettres, je me hâtai de les détruire. Au milieu de ces petites occupations, le temps qui restait jusqu'au dîner passa bien vite. A une heure, nous nous mîmes à table et goûtâmes un frugal repas, que nous avions fait apporter par le vivandier du fort, et dont nous avions grand besoin, n'ayant rien pris depuis la veille qu'un petit verre de vin que le gouverneur nous avait offert à notre arrivée, avec des biscuits auxquels je n'avais pas touché. Pour ce premier repas,

comme pour tous ceux qui suivirent, nous nous servîmes
des couverts que la courtoisie du gouverneur avait mis à
notre disposition. Il avait dit à mon maître d'hôtel qu'il ne
permettrait pas que je me servisse de ceux du vivandier,
attendu qu'ils n'étaient pas en argent. Après le dîner,
comme nous nous ressentions tous de la fatigue d'une nuit
passée en route, nous jugeâmes à propos de nous coucher
pour prendre quelque repos, et, quant à moi, je puis dire
que cette tentative obtint un succès assez heureux.

Maintenant que je vous ai raconté les particularités de
l'entrée dans notre nouvelle demeure, il ne sera pas, je
pense, hors de propos de vous donner une idée de ce séjour.
Le logement dans lequel nous sommes renfermés ne contient que les trois chambres indispensables. Elles sont
disposées de file, mais avec cet avantage qu'une légère
cloison sépare de celle du milieu un espace de deux mètres
trente-cinq centimètres, et en forme une espèce de corridor
qui met en communication les deux premières et rend
encore la troisième indépendante, d'autant plus que par
une heureuse combinaison la porte d'entrée donne dans ce
corridor. Chaque chambre est éclairée par une fenêtre pla-
cée à l'extrémité ; mais comme le mur est au sud-est et
qu'il est de l'épaisseur de deux mètres soixante centimètres,
la lumière ne s'introduisant que comme par un tuyau, ne
se répand presque dans l'intérieur que par réverbération,
de telle sorte que si on laisse tomber à terre une aiguille
ou quelque autre objet aussi petit, il faut nécessairement
avoir recours à un flambeau pour le trouver. Chaque chambre a sa cheminée, c'est-à-dire les deux extrêmes en ont une
de celles appelées à la *Franklin*. Celle du milieu, dans la
partie qui forme corridor, a une simple ouverture carrée,
faite dans une gaîne, car les gaînes ne sont pas faites dans
l'épaisseur du mur, mais elles y sont appliquées et font
ainsi saillie dans nos chambres. Celle du corridor nous fut
assez favorable. Comme elle forme avec le mur latéral un
enfoncement large de deux mètres, l'idée nous vint de suite
d'y placer un autel. Grâce aux bons soins du gouverneur,
nous pûmes facilement en quelques jours mener à bien

cette idée au moyen d'une table fixée sur deux consoles, en sorte que nous pouvions glisser dessous le marche-pied avec tous les ornements ; et, en étendant sur cette table un tapis qui se trouvait heureusement assez grand pour descendre jusqu'à terre, tout pendant le jour restait entièrement caché, comme il convient à un lieu de passage. Ainsi, grâce aux Pères capucins desservant le fort et à M. le curé de Fenestrelle, qui nous fournirent gracieusement tout ce qui nous était nécessaire, nous avons eu le bonheur, dès le dimanche suivant, de célébrer chaque jour la messe.

Pour nous enlever toute communication avec l'extérieur, une sentinelle se promène jour et nuit dans le vestibule qui est devant notre logement, et, sous les fenêtres, nous avons également, jour et nuit, un autre factionnaire. Ils veillent, l'un, à ce que nous ne puissions parler à qui que ce soit, ni jeter des billets, et l'autre, à ce que rien ne soit introduit par notre porte, ou à ce que nous n'en puissions sortir nous-mêmes, mais encore pour que nous ne recevions aucun objet et ne communiquions avec personne. Ainsi, lorsque nous recevons nos repas, ou qu'on vient chercher la vaisselle, ou quand un des gardiens nous apporte notre cruche d'eau ou quelque autre provision, il y a toujours quelqu'un chargé de les accompagner et de visiter minutieusement tout ce qui entre chez nous ou en sort. Les deux premiers jours ce fut un des adjudants du fort (1) qui fut chargé de ce service, mais, le troisième jour, il fut remplacé par un maréchal des logis et un brigadier de carabiniers, envoyés exprès de Turin (2).

(1) L'adjudant Regrutto qui jouit de toute la confiance du gouverneur qui le sait inébranlable dans l'accomplissement de ses devoirs, est un parfait honnête homme. Le soin des détenus lui est confié. Il cherche avec le plus grand zèle à pourvoir à leurs besoins, et ne refuse jamais d'accéder à leurs demandes raisonnables, pourvu qu'elles se représentent fidèlement à sa mémoire.

(2) Le maréchal Dupré, de Chambéry, et le brigadier Tortoroglio, de Cortemeglia, diocèse d'Alba, quoique scrupuleusement fidèles aux instructions supérieures, s'efforcent cependant de les observer avec tous les égards envers nous qu'elles peuvent comporter. Ils se font un devoir de cacher le plus possible l'odieux de leurs fonctions,

Si nous écrivons quelques lettres ou qu'il nous en arrive quelqu'une, ou par la poste, ou dans quelque paquet de linges, elles sont toutes invariablement transmises ou renvoyées à Turin, pour être lues par l'avocat-général fiscal; et elles n'arrivent à leur adresse que munies de son *visa*. Et cette mesure est si rigoureusement observée que le ministre des affaires étrangères, ayant eu à m'annoncer la mort de deux chevaliers de l'Ordre de la très sainte Annonciade, pour les messes d'usage, envoya sa lettre ouverte à l'avocat fiscal, et je ne la reçus qu'avec le *vu Persolio*. Il faut bien croire que les ordres qui ont pour objet de nous empêcher toute espèce de communication soient extrêmement sévères, puisque non seulement on a envoyé à Turin, pour les soumettre au *visa*, les reçus des sommes que j'avais fait remettre à quelques ecclésiastiques pour les messes dont j'ai parlé plus haut, mais, ayant demandé deux cahiers de papier, l'un pour faire des mémoires et l'autre pour prendre des notes, cette demande excita aussi les craintes les plus vives. Que dirai-je encore ? Une des premières choses dont j'avais été d'accord avec l'abbé Daviso avait été de demander un confesseur, indiquant le curé de Fenestrelle, ou un des capucins qui desservaient le fort, et pour l'usage aussi de mon maître d'hôtel. Le gouverneur nous répondit qu'il ne pouvait nous l'accorder sans en avoir référé à Turin; la réponse fut négative. Par bonheur que, comme il s'agissait de mes diocésains, j'en portais la juridiction avec moi ; ainsi, plus heureux que beaucoup d'autres, nous avons toujours pu nous suffire (*fare da noi*). Le cinquième jour de notre arrivée je pris un coup de sang; on consentit bien à ce que le docteur vînt me voir, mais il fut accompagné, quoique médecin du château.

Cependant, malgré cet isolement absolu, qui nous tient dans une ignorance complète des choses du monde, puisque

---

jusqu'à chercher à leur donner une couleur tout à fait différente de leur couleur naturelle, laquelle, malgré leurs soins, ne peut moins faire que de paraitre à chaque instant.

de tous les journaux aucun ne nous est parvenu, nos jours
(et c'est aujourd'hui le quarantième) s'écoulent sans ennui,
grâce à la distribution que nous avons faite de nos heures,
les partageant entre la célébration de la messe, la récita-
tion du bréviaire, celle du chapelet le soir, les prières par-
ticulières, nos trois repas, la promenade fréquente et la
lecture. J'ai dit promenade fréquente, parce qu'en effet
nous la faisons plusieurs fois le jour et avec toute l'exten-
sion possible, c'est-à-dire entre les deux points les plus
éloignés des deux chambres extrêmes. Cet exercice, pour
tout prisonnier, est non seulement utile, mais même tout
à fait indispensable. Quant à la lecture, nous sommes assez
bien partagés, ayant en abondance des ouvrages que nous
procurent les soins empressés du gouverneur. Lui-même
nous en fournit une partie et nous fait prêter les autres,
soit par les PP. capucins, soit par l'abbé Chaillol, professeur au petit séminaire de Fenestrelle, qui en est personnellement bien pourvu d'après le catalogue qu'il eut la
complaisance de nous communiquer. Ainsi, si à tout cela
on ajoute la satisfaction intérieure qu'on éprouve d'avoir
rempli son devoir, nous pouvons dire que nous goûtons la
plus douce tranquillité; et, reconnaissant dans les nouvelles dispositions de la Providence à notre égard un nouveau trait de sa protection spéciale, nous ne cessons pas
d'en bénir et d'en remercier le Seigneur de toute notre
âme.

Unissez-vous à nous, mon cher chanoine, pour le remercier, et recevez le récit de tout ce qui nous est arrivé jusqu'à
ce jour, comme un gage de mon estime bien sincère et
du cordial attachement avec lequel je suis heureux de me
dire

Votre affectionné serviteur,

LOUIS

archevêque de Turin.

Lyon, le 7 octobre 1850.

P. S. La privation absolue de toute communication m'ayant empêché d'envoyer cette lettre, je dois ajouter que postérieurement on nous permit la lecture des journaux ; mais cette permission n'eut pour nous qu'un effet de courte durée. En effet, le 27 septembre, à midi, l'abbé Daviso qui était près de la fenêtre m'avertit que le gouverneur rentrait dans le fort, avec divers étrangers. Je m'approchai, et je le vis en compagnie de trois individus en habits bourgeois. Je dis de suite : « Ce sont les membres du tribunal » ; car je pensais qu'ils venaient ou pour tenter un interrogatoire, ou pour me signifier quelque mesure prise à mon égard. Je ne me trompais pas. Un moment après, le gouverneur vint m'avertir qu'il allait me présenter le baron Piccia, membre du tribunal de première instance de Pignerol, délégué pour me signifier un arrêt de la cour d'appel, et le commissaire Bosio, chargé de m'accompagner jusqu'aux frontières. Le premier entra avec son secrétaire Gastaldi, si je ne me trompe, et m'ayant dit qu'il était chargé de me faire lire l'arrêt de la cour d'appel, il remit au second un gros cahier, dont la lecture, quoique assez rapide, dura plus d'une heure et demie.

Cet écrit contenait le réquisitoire du ministère public, et concluait à faire prononcer le séquestre de tous les revenus de la Mense archiépiscopale, à mettre à ma charge les frais de tous les actes qui auraient lieu à ce sujet, à me bannir du royaume, et à me faire conduire aux frontières. Suivait l'arrêt de la cour d'appel scrupuleusement conforme à ces conclusions. Cette lecture terminée, je répondis qu'il me faudrait trop de temps pour relever tout ce qu'il y avait d'erreurs dans l'enquête, et comme ce serait d'ailleurs absolument inutile, je me bornais à déclarer que je ne reconnaissais à l'ordonnance aucune valeur en droit, que je protestais contre elle, et que je n'en subirais les conséquences, que contraint par la force, comme le voyageur subit les

violences de ses assassins (1). Il restait à faire le procès-
verbal pour terminer les formalités, mais comme je protestais que je n'y prendrais aucune part, le baron Piccia déclara
qu'il se ferait ailleurs, et qu'on ferait supposer mon consentement. Je me hâtai de protester contre ces paroles, en
déclarant que je voulais rester complètement étranger à
un tel acte. Ils se retirèrent alors : le baron baisa mon
anneau pastoral avant de sortir.

Immédiatement après, on introduisit le commissaire
Bosio ; il m'exposa la mission dont il était chargé, et ajouta
qu'il était prêt à m'accompagner en France, à Genève, ou
même à Gênes, où je trouverais tout prêt un bateau à
vapeur pour aller à Rome, si je voulais m'y rendre. J'avais
en vérité toute sorte de motifs pour désirer de venir en
France, mais je crus de mon devoir d'imiter mon illustre
collègue et ami, Mgr Marilley, évêque de Lausanne et de
Genève, dans une occasion tout à fait semblable. Je répondis que mon droit et mon devoir m'obligeaient à rentrer
dans mon diocèse, que je le demandais ; mais que si la
force m'en empêchait, j'irais où la force me conduirait. Le
commissaire insista pour que je choisisse, mais je lui fis la
même réponse. Le gouverneur se mêla alors à notre entretien et fit observer que la frontière française étant la plus
rapprochée, il semblait qu'on devait préférer cette direction : je me permis seulement de dire : « Certainement, ce
trajet est plus court. » Je crois aussi que tel était le projet
du gouvernement, car j'ai appris depuis que le major
Arnulf, quelques jours auparavant, avait parcouru cette
route, et le commissaire me présenta une lettre de M. Fer-
dinand Barrot, ambassadeur de France à Turin, dans
laquelle il m'offrait très poliment ses bons offices, si je
voulais me réfugier sur le territoire français.

Il fut donc décidé que le lendemain matin on nous ache-

(1) Si quelqu'un me faisait observer que même sans trahir la vérité,
j'aurais pu employer des expressions plus douces, je m'abstiendrai
de le discuter ici, et je répondrai seulement que, racontant la chose,
je dois rapporter fidèlement, non ce que j'aurais pu ou dû dire, mais
précisément ce que j'ai dit.

minerait du côté de Briançon. Le commissaire, pensant que je manquais d'argent, me dit alors qu'il avait l'ordre de m'offrir quatre mille francs de la part du gouvernement. Je lui répondis : « Le gouvernement offre donc de me prêter quatre mille francs ? » « Non, reprit-il, il entend vous les donner. » « Et comment, répliquai-je alors, d'un côté, il me dépouille de tout ce qui m'appartient de plein droit, et de l'autre, il voudrait que j'acceptasse son aumône ? Je crois avoir assez d'argent pour continuer mon voyage et m'entretenir jusqu'à ce que je puisse m'en procurer ; mais en tout cas je ferais plutôt un emprunt, que d'accepter un sou du gouvernement ; et, me tournant vers le gouverneur : je pense, lui dis-je, qu'au besoin je pourrais compter sur votre aide. » Il me répondit, sans hésiter un seul instant, qu'il mettait tout ce qu'il avait à ma disposition.

Restés seuls, nous pensâmes à dîner. Puis nous passâmes le reste de la journée à faire nos préparatifs, à payer le compte du vivandier et autres dépenses, y compris le loyer des quelques meubles qui interrompaient le vide de nos chambres ; à préparer chacun notre bagage, enfin à prendre nos dernières dispositions. Une des principales était de faire changer ma simarre épiscopale en une soutane de simple prêtre, non seulement parce qu'en France les Evêques, hors de leurs diocèses, la portent ainsi, mais aussi parce que j'avais résolu de cacher toute marque de ma dignité. Dans cette vue, je m'étais déjà procuré de Turin des bas noirs, et j'avais fait recouvrir en noir un petit collet. Je dois dire que pour tout ce qui nous manquait à chaque instant, nous n'eûmes qu'à nous louer de l'empressement de l'adjudant Regrutto, et des bons offices du maréchal et du brigadier des carabiniers, dont le premier voulut me baiser la main à plusieurs reprises, non sans verser des larmes affectueuses.

Le lendemain matin, nous sortîmes de nos chambres à six heures sonnées, et nous descendîmes chez le gouverneur pour prendre congé de lui ; mais nous ne le trouvâmes pas, il était déjà dans la cour, nous attendant en grand uniforme pour nous accompagner; ce qu'il fit avec le P. Charles, un des capucins desservants du fort, et plusieurs autres personnes, dont un officier des plus aimables. Tous ensemble nous nous acheminâmes vers Fenestrelle, saluant tous ceux qui s'inclinaient sur notre passage. Arrivés au lieu où se trouvait la voiture, nous entrâmes dans une cour que nous reconnûmes pour être celle de la *Rose-Rouge*, où nous étions descendus le matin du 8 août.

Lorsque notre bagage fut placé et les chevaux attelés, j'embrassai le gouverneur qui, comme quelques autres, me baisa la main. Nous montâmes en voiture et prîmes la route de France en compagnie du commissaire Bosio. Seul avec nous, et rempli de prévenances respectueuses pour notre personne, il représentait la force morale bien plus que la force physique, qui toutefois me parut bien suffisante, d'autant plus que si je m'en souvenais bien, Mgr Marilley fut conduit de Chillon à Divonne, sur le territoire français, par un seul délégué du gouvernement. Le chemin, quoique toujours en montée, est cependant assez facile, et les points de vue, changeant à chaque instant, ne laissent pas que de le rendre agréable. Avant d'arriver à Traverse, dans la vallée de Pragela, nous trouvâmes M. le curé Bouvier qui, instruit de mon passage, venait à ma rencontre. Il nous accompagna jusqu'au village à côté de la voiture, me faisant les plus vives instances pour que je m'arrêtasse quelque peu chez lui. Comme les chevaux étaient fatigués de la longue montée, et qu'ils avaient besoin de repos, j'acceptai son invitation. Il nous introduisit dans une maison des plus modestes, où, avec une cordialité difficile à décrire, il nous offrit pour déjeuner du café au lait, du pain, du beurre, du fromage, du miel, des fruits, du vin blanc et des liqueurs, le tout accompagné d'un bon feu qui, dans ces régions, est agréable, je crois, même au milieu de l'été.

Ainsi restaurés, au dedans et au dehors, nous prîmes congé de l'excellent M. Bouvier; et, avec des chevaux de renfort, nous montâmes le col de Sestrières et continuâmes

notre voyage jusqu'à Cesana. Là, je reçus incontinent la
visite du bon curé et vicaire forain D. Théodore Ailland,
qui nous mena voir son église dont l'extérieur montre les
restes d'une antiquité fort reculée, comme l'intérieur offre
tous les indices de la plus grande misère. De là, après avoir
dîné, nous commençâmes à gravir le mont Genèvre. A son
sommet, nous touchions le territoire français. Pendant
que la douane visitait notre bagage, j'entrai à l'hospice,
fondé par la maison royale de Savoie, sur l'invitation du
prêtre-recteur, dont le nom m'échappe, mais il est en bénédiction dans tout le pays d'alentour. Il m'offrit toute
espèce de rafraîchissements ; mais je le remerciai, car il
n'y avait pas longtemps que j'avais dîné, et j'acceptai seulement un petit verre de Malaga pour lui témoigner ma
reconnaissance. Puis, prévenu que tout était prêt, je montai de nouveau en voiture, et en une petite heure nous
arrivâmes à Briançon. A peine descendu à l'hôtel, j'allai
trouver M. le curé (1), afin de m'entendre avec lui pour
célébrer la messe le lendemain qui était un dimanche. Il
m'accueillit avec un véritable enthousiasme, et me fit les
plus vives instances pour me faire prendre un logement
chez lui. Je m'excusai, disant que j'en avais déjà choisi un.
Alors il m'accompagna avec son vicaire, comme aussi il
vint me prendre le lendemain pour me conduire à l'église,
où je dis la messe et donnai la communion à un grand
nombre de personnes. Il voulut ensuite absolument me
garder avec lui non seulement à déjeûner, mais encore à
dîner, après que j'eus assisté avec toute la solennité possible à la messe qu'il chanta lui-même. Quelques instants
auparavant, le commissaire Bosio avait pris congé de moi,
me baisant la main avec des marques bien sincères d'émotion. Le même matin, je reçus la gracieuse visite du colonel
La Mauroy, commandant de la place, et celle de M. le sous-
préfet. Ils me firent l'un et l'autre les offres les plus polies,
ce qui me prouva tout de suite que je me trouvais sur le
sol français. Je rendis les visites le même jour, car je devais

(1) M. le chanoine Charles Alberton.

partir le soir ; et en effet, à huit heures, je montai dans la diligence de Gap, à laquelle m'accompagna encore l'excellent curé.

Nous sortîmes de Briançon, et à peine avions-nous fait quelques pas, que la diligence s'arrêta devant quelques maisons, peut-être parce que, chargée du service de la poste, elle remettait ou prenait des dépêches. Tout à coup, on ouvrit la portière du coupé où je me trouvais : je pensai que c'était un employé des douanes, mais avec une douce surprise je reconnus à sa voix le commandant de place, qui me demandait si je manquais de quelque chose, et me renouvelait ses souhaits de bon voyage. Je fus on ne peut plus sensible à cette attention. Nous continuâmes notre route vers Gap, où nous arrivâmes le matin d'assez bonne heure. Un ecclésiastique, qui se trouvait dans la diligence, voulut bien m'accompagner jusqu'au palais de Mgr l'évêque. Dès le samedi soir, M. le curé de Briançon s'était hâté de lui écrire pour le prévenir de mon passage ; mais la lettre envoyée trop tard à la poste, ne partit que le lendemain, c'est-à-dire avec nous, et ne fut remise à Monseigneur qu'après notre arrivée. Bien qu'il ne fût pas prévenu, ce prélat (1) m'accueillit avec une amitié plus que fraternelle, me comblant des attentions les plus exquises. Son chapitre rivalisa de courtoisie, et à peine s'était-il écoulé une heure, qu'il vint me faire une visite en corps et en habit de chœur. Mon intention était de repartir le lendemain ; mais les instances de Monseigneur furent si vives et si pressantes pour m'engager à passer ce jour avec lui et à assister à l'ouverture de la retraite, dont les exercices commençaient le soir même, que je dus me rendre. Il voulut que je fisse moi-même cette ouverture en donnant la bénédiction, après le discours du célèbre M. l'abbé Plantier. Avec l'éloquence qui le distingue, ce prédicateur parla de mes vicissitudes et dit des choses si délicates et si flatteuses, qu'il ne laissa rien à désirer à personne ; moi seul j'eusse désiré qu'il ne se fût pas trompé.

(1) Mgr Depéry.

Dans la matinée du lendemain, je devais prendre la diligence de Grenoble ; mais Mgr l'évêque, toujours prêt à me rendre service, ne voulut pas permettre que je montasse à la ville, et, faisant atteler à sa voiture quatre chevaux de poste, il me conduisit jusqu'au sommet d'une colline, dans une paroisse érigée récemment, et dont le curé avait préparé une abondante et jolie collation. Je ne voulus pas y toucher pour ne pas courir le risque de faire attendre la diligence, vers laquelle je m'acheminai aussitôt, après avoir encore remercié et embrassé Mgr l'évêque, dont j'ai reçu les leçons de la plus touchante humilité. Je recommençai donc le voyage, et, comme il fallait beaucoup de temps pour traverser les montagnes, il était déjà nuit close quand nous arrivâmes à Grenoble. En descendant de voiture, je trouvai le secrétaire de Mgr l'évêque, qui, de sa part, me conduisit à l'évêché. Là, je reçus les marques de bienveillance les moins équivoques, d'abord de mon illustre hôte (1), et ensuite du chapitre qui, le lendemain, se présenta comme celui de Gap, en corps et en habit de chœur, et encore d'un grand nombre de personnes honorables qui s'empressèrent de venir me visiter dans les deux jours que je passai dans cette ville. J'en partis dans la journée du 4, me dirigeant sur Lyon, où, le 5, au matin, je traversai les rues et pris un logement à *l'Hôtel du Luxembourg*. Je n'allai que le soir offrir mes respects à Son Eminence le cardinal archevêque ; car on me l'avait d'abord dit absent, et j'avais ensuite appris qu'il était de retour depuis la veille. Il me serait bien difficile de raconter les traits de parfaite bonté de ce Prince de l'Eglise à mon égard ; je me bornerai à dire qu'il m'avait déjà fait préparer un appartement dans son palais, où il voulut me retenir, et il ne voulut pas me laisser partir avant que je lui eusse promis que je m'y transporterais au premier moment ; ce qu'en effet je me propose de faire demain.

De tous les motifs qui, en France, me faisaient préférer le séjour de Lyon, un des principaux était que, dans une

____

(1) Mgr de Bruillard.

ville aussi grande, j'espérais pouvoir rester inconnu. Mais
je fus bien vite détrompé. En effet, la *Gazette de Lyon,*
ayant dans la matinée d'hier (6 courant) annoncé mon
arrivée et le lieu de ma demeure, à peine eus-je le temps
de faire une visite au général comte de Castellane, commandant les 5e et 6e divisions militaires, et à M. de Lacoste, commissaire extraordinaire et préfet du départe-
ment, que, rentré à l'hôtel, je le vis envahir par une foule
de pieux Lyonnais, dont une partie seulement put tenir
dans ma chambre. Un d'eux, M. Terret. m'exprima les
sentiments religieux qui les guidaient vers moi, et finit en
me demandant ma bénédiction pour tous ces fidèles age-
nouillés ; je la leur donnai au milieu de la plus vive émotion de mon cœur. Immédiatement après, vint le Cardinal-
Archevêque, puis M. le Curé de la paroisse (Saint-Fran-
çois) (1) avec son clergé, puis l'Evêque de Verdun (2), qui
se trouve ici de passage, puis le général Castellane en
grande cérémonie, quelques heures seulement après ma
visite ; puis enfin, une foule d'ecclésiastiques et de sécu-
liers, dont les visites ont continué aujourd'hui, parmi lesquelles je ne puis me dispenser de mentionner le corps des
curés de la ville et de la banlieue, le préfet, M. de Lacoste,
et l'Archevêque de Bordeaux (3) accidentellement aussi à
Lyon. En un mot, c'est une succession continuelle de personnes pieuses qui viennent protester de leur dévouement
à l'Eglise, et qui presque toutes agenouillées, veulent
absolument que je les bénisse. Voyez, mon cher ami, avec
quelle libéralité le Seigneur me récompense du peu que
j'ai souffert pour sa cause.

Si je voulais raconter toutes les démonstrations dont je
suis l'objet, dans cette cité éminemment religieuse, ce
post-scriptum deviendrait plus long que ma lettre, et il
faudrait faire un volume. Je m'en tiendrai donc là, et je
finirai, en faisant observer une seule chose qui me paraît

(1) M. Devienne.
(2) Mgr Rossat.
(3) Mgr Donnet.

être d'une très grande utilité, à savoir, que le bruit public ayant répandu la nouvelle du séquestre prononcé sur tous les biens de la Mense, tandis que j'étais enfermé à Fenestrelle, et ayant fait accroire que je me trouvais dans un pressant besoin, non seulement les évêques de Gap et de Grenoble, à mon passage dans leurs villes, m'offrirent tout ce qu'ils avaient en espèces; mais, arrivé ici, j'ai reçu de Turin, de Chambéry, de Paris, des lettres qui mettaient à ma disposition des sommes considérables. Oui, dans un temps où, au milieu des menaces par lesquelles on cherche à intimider évêques, chanoines, curés et simples prêtres, pour les engager à s'écarter des lois ecclésiastiques, on fait sonner bien haut celle de les dépouiller des revénus de l'Eglise (ce qui, pour beaucoup d'entre eux, est l'unique moyen de subsistance), il ne saurait, à mon avis, qu'être fort utile, je le répète, de leur confirmer, par un exemple tout récent, cette grande vérité que la Providence (dont vous touchez, M. le chanoine (1), tous les jours au doigt les prodiges), veille sans cesse sur ceux qui, pour accomplir franchement leur devoir, s'exposent à tous les périls, et que celui qui met en elle sa confiance, ne reste jamais confondu.

LOUIS
Archevêque de Turin.

A peine Mgr Fransoni est-il donc arrivé à Lyon que, de France, d'Allemagne, d'Espagne, d'Italie, lui arrivent chaque jour les plus consolants témoignages. Les évêques le visitent ou lui écrivent, les conciles provinciaux le félicitent et les catholiques s'unissent pour lui faire agréer de précieux souvenirs. La France lui avait offert, la veille même de son arrestation, la croix de Mgr Affre. Florence lui offre ensuite un anneau de grand prix. Les évêques et les prêtres de la Savoie lui envoient un calice historique et

---

(1) Le chanoine Anglesio est recteur d'un hospice où sont secourus environ 1.300 individus (hommes et femmes), et cet hospice n'a d'autre revenu que les aumônes envoyées par la Providence.

une lettre admirable. Le chanoine Anglesio et le chevalier Edouard de la Marmora, frère du Ministre de la Guerre dont il est parlé plus haut, lui présentent, au nom de la religieuse cité de Turin, un bâton pastoral qui porte cette légende : *Eusebio redivivo.* Ses anciens diocésains de Fossano lui font parvenir, par un de leurs concitoyens, un calice, une mître et une lettre émue, toute pleine de protestations et de dévotion filiales. Et les chanoines d'un diocèse à peine connu du fond de l'Espagne, dans une adresse touchante, le prient d'agréer trois mille réaux d'Espagne qu'ils ont recueillis de leur pauvreté, car le contenu de leur bourse n'égale pas l'ardeur de leurs vœux pour le vénéré proscrit.

Mais Monseigneur s'était fait une loi de refuser toute offre d'argent, même de ses trois frères dont l'un était à Rome, cardinal préfet de la Propagande. A chaque nouvelle offre, il remerciait avec cœur, faisait connaître autour de lui ces actes de charité chrétienne. Mais il répondait toujours invariablement que, quoique dépouillé et exilé, il pouvait suffire à l'entretien de sa maison, avec son modeste patrimoine.

Son humilité n'était pas moindre que son désintéressement. Il voulait absolument disparaître, c'était sa constante préoccupation. Pendant les douze années de son séjour à Lyon, nous ne l'avons jamais vu avec le moindre insigne épiscopal, en dehors des cérémonies religieuses auxquelles il était fréquemment prié d'assister. La promenade quotidienne lui était chère. Il parcourait la ville avec son fidèle abbé Bruno, vêtu comme lui. Et pour tromper la pieuse surveillance dont il était l'objet, il ajoutait parfois le rabat français à son costume ecclésiastique, il espérait ainsi passer plus inaperçu. Mais cette ruse ne le sauvait pas toujours. Né grand seigneur, il en avait la noblesse sans la morgue. Une distinction naturelle, une modestie de bon aloi, une physionomie toujours égale, un sérieux empreint de tristesse le trahissaient le plus souvent et lui attiraient de respectueux saluts. Toujours et partout il était l'évêque exilé.

Profond théologien, Mgr Fransoni avait été appelé par Pie IX aux travaux préparatoires du dogme de l'Immaculée Conception. Très érudit, il étudiait tous les jours, suivant avec une grande attention les progrès de la science et la marche des événements. Et pour adoucir les heures où ses pensées étaient plus tristes, parce que plus pénible était le souvenir, il étudiait, traduisait et interprétait Dante.

Il parlait correctement notre langue, consultait le dictionnaire français qu'il avait toujours sur sa table et priait tout franchement son docteur de l'avertir quand il ferait une faute (1).

De Lyon, Mgr Fransoni dirigeait chaque jour son attention vers Turin. Il n'avait garde d'oublier son cher diocèse qu'il gouvernait malgré tout, et avec lequel il correspondait par d'ingénieuses industries de la charité. Du reste il n'accusait jamais ses ennemis, mais recommandait l'attachement à la sainte Eglise dans les occasions qui le mettaient en contact avec le clergé et les fidèles et ces occasions n'étaient pas rares. Comme l'archevêque Hugues avait autrefois associé saint Anselme à son ministère épiscopal, le cardinal de Bonald avait prié Mgr Fransoni de l'aider dans ses fonctions et de partager avec lui les assistances aux solennités des paroisses et des communautés. Mgr Fransoni a donné à Lyon un nombre considérable de confirmations. Le 21 novembre 1850, il préside la fête de la Présentation au Grand Séminaire. Le 25 avril 1852, il assiste au sacre de Mgr Lyonnet. Le 8 décembre 1852, il fait une ordination rue de Castries. Le 8 septembre 1854, il fait une ordination à l'archevêché. Le 8 décembre 1854, il assiste à Rome avec le cardinal de Bonald à la proclamation du dogme de l'Immaculée. Le 18 novembre 1855, il assiste au sacre de Mgr Plantier. Le 18 décembre 1858, il fait l'ordination générale au grand séminaire. Le 9 avril 1859, il fait une ordination à l'archevêché. Dans cette même année, il est auditeur assidu du P. Monsabré qui

____

(1) M. le docteur Lacour.

MONSEIGNEUR FRANSONI (1861)

prêche la station de Carême à Saint-Jean. Mgr Fransoni aimait la Primatiale, il y assistait avec intérêt aux messes pontificales, et chaque fois qu'il recevait la visite de quelques Filles de la Charité de Turin, allant à Paris, il ne manquait pas de les mener à Saint-Jean, afin d'offrir à leur vénération le cœur de saint Vincent de Paul. Les églises de Lyon ne bénéficiaient pas seules de sa présence, Vienne, Valence, Viviers et d'autres encore le réclamaient à leur tour.

En 1861, Mgr Fransoni se montra plus rarement ; les épreuves qu'il avait endurées si chrétiennement avaient gravement atteint sa santé et ruiné sa forte constitution. Il ne se fit pas d'illusion et parlait presque gaîment de la mort comme d'un autre départ. Un jour, présentant un anneau et une croix pectorale à la supérieure du Doyenné, « je viens d'acheter, lui dit-il, l'anneau et la croix que vous me mettrez après ma mort ». Au mois de février, on ne le vit plus hors de son domicile. Il avait demandé de mourir dans les fêtes de saint Joseph et de la sainte Annonciation et, le 26 mars, à deux heures de l'après-midi, il rendait pieusement son âme à Dieu, ayant à ses côtés son fidèle abbé Bruno et la supérieure du Doyenné, qui ne lui avait pas été moins dévouée.

La ville catholique de Lyon l'entoura, dans sa mort, de regrets et d'honneurs, comme elle l'avait entouré de vénération et d'attachement pendant les années de son exil. Le cardinal de Bonald voulut qu'il eût les obsèques réservées à l'archevêque de Lyon. Le clergé régulier et séculier le conduisit à la cathédrale, les associations et les confréries d'hommes suivaient, et, chose que l'on n'avait pas encore vue à de telles funérailles, les Dames des Œuvres de charité demandèrent à faire partie du cortège et elles portèrent ensuite le deuil de cet archevêque mort en exil pour la foi.

Mgr Fransoni avait, par testament, donné à Pie IX les joyaux et ornements pontificaux qu'il avait reçus pendant son exil, laissant aux pauvres tout ce qui était dans sa demeure. Pie IX offrit plus tard la croix de Mgr Affre à Mgr Felinski, archevêque exilé de Pologne.

Descendu dans le caveau de l'antique chapelle du Saint-Sépulcre, Mgr Fransoni ne fut point oublié. On venait visiter sa tombe et y prier. Chaque année, vers la fête de saint Joseph, l'abbé Bruno apparaissait à Lyon et célébrait la sainte messe, pendant les jours anniversaires, au-dessus du caveau qui abritait son évêque tant aimé. De leur côté, les sœurs du Doyenné étaient aussi fidèles à prier pour lui après sa mort, qu'elles avaient été empressées à lui être utiles dans son exil.

Mais à Turin surtout s'exhalait chaque jour de plus en plus la tristesse du clergé et des bons catholiques. Il s'était écoulé très peu de temps depuis son décès, et déjà Turin avait redemandé plusieurs fois le corps de son évêque au cardinal de Bonald. Puis plus tard la même demande fut renouvelée à Mgr Ginoulhiac. Mais ces deux archevêques, en union de sentiments avec leur Chapitre primatial, avaient cru devoir retarder cette translation, jugeant que l'heure n'était pas encore venue, que les temps étaient trop mauvais pour préparer le triomphe qui était dû à cet héroïque confesseur de la foi.

Peut-être aussi espérait-on arriver à rester paisible possesseur de cette tombe célèbre. L'évènement que la ville et le diocèse de Turin ont célébré avec piété et enthousiasme montre que l'oubli ne pouvait pas se faire sur Mgr Fransoni.

On a dit et écrit à Turin, le mois dernier, que les voies de Dieu sont admirables et que le trait d'union d'un fait si considérable pour cette ville et ce diocèse a été la Bienheureuse Vierge Marie. Et cela est vrai. C'est au sanctuaire *de la Consolata* que la faveur de ce retour avait été demandée en secret, et c'est à Notre-Dame de Fourvière, la veille de son couronnement, qu'elle était implorée, avec une éloquence communicative, devant cardinaux, évêques, prêtres et foules pieuses. Les Lyonnais ne peuvent rien refuser à Notre-Dame de Fourvière. Et puis n'est-elle pas plus spécialement la reine des martyrs et des confesseurs? Et son forum n'a-t-il pas entendu la profession de foi de nos premiers témoins? Mgr Colomiatti pouvait quitter

Lyon et traverser les Alpes la joie et l'espérance au cœur. Par Marie il avait préparé le triomphe.

Depuis lors jusqu'au lendemain des grandes obsèques célébrées à Lyon puis à Turin, il y a eu un fréquent échange de négociations et de correspondances entre les deux éminents archevêques ou leurs chancelleries. Nous mentionnons simplement les actes principaux. Le 23 mars 1901, le préfet de Turin autorise la sépulture de Mgr Fransoni dans sa Métropole.

Dans le mois de juillet, le consul général d'Italie fait les démarches pour obtenir du gouvernement français l'exhumation et le transport à la frontière de Modane. Vers la fin de juillet, le consul prévient le cardinal-archevêque que toutes les formalités sont remplies. Au commencement d'août le cardinal de Turin écrit au cardinal de Lyon, exprime son désir et indique une date. — Le cardinal de Lyon donne son assentiment. — Mgr Colomiatti écrit au Chapitre primatial. — Le 8 septembre, anniversaire du couronnement de Fourvière, le cardinal de Lyon écrit au clergé de son diocèse. Cette belle lettre est un document qui restera, nous devons la donner ici.

LETTRE DE S. E. LE CARDINAL ARCHEVÊQUE
AU CLERGÉ DU DIOCÈSE

*A l'occasion de l'exhumation et de la translation du corps
de Mgr Louis Fransoni, archevêque de Turin.*

« MESSIEURS ET CHERS CONFRÈRES,

« Au mois de mars de l'année 1862, mourait, à Lyon, Mgr Louis Fransoni, archevêque de Turin, de glorieuse mémoire.

« Les archives diocésaines conservent de ce fait les pièces suivantes :

« L'an 1862 et le 29 mars, nous avons procédé à la levée du corps de Son Excellence Révérendissime Monseigneur Louis Fransoni, Patricien de Gênes, où il est né le 29 mars 1789, archevêque de Turin, décédé à Lyon, muni des sacrements de l'Eglise, où il était exilé depuis près de dix ans et où il demeurait, rue de Castries, 3, à l'âge de 73 ans. Il a été enterré à la Métropole de Saint-Jean, par le Chapitre de la Primatiale, présidé par S. E. le Cardinal Archevêque de Lyon, assisté de tout le Clergé de la ville de Lyon.

« Signé : BOUÉ, *curé d'Ainay.* »

« *Solemne Funus.* — Le 29 mars 1862, ont eu lieu les obsèques de Mgr le marquis Fransoni Louis-Alexandre-Jean-Baptiste, patricien de Gênes, chevalier de l'ordre suprême de la Très Sainte Annonciade, chevalier Grand-Croix décoré du grand cordon des saints Maurice et Lazare, archevêque de Turin, exilé dans notre ville, à cause de sa fermeté à défendre les droits de la sainte Eglise vis-à-vis des puissances séculières.

« Le Chapitre de la Primatiale auquel s'étaient réunis le Clergé des différentes paroisses de la ville et les Congrégations religieuses, est allé cherché l'illustre défunt à son domicile, rue de Castries, 3, et, après une messe solennelle, l'a accompagné à la chapelle de Saint-Vincent-de-Paul, où il a été déposé dans le caveau situé devant l'autel de ladite chapelle. La pierre de l'ouverture du caveau est un carré long, placé à peu près au milieu de la chapelle, en face du tabernacle, à deux mètres quinze centimètres des marches de l'autel.

« Mgr Lyonnet, évêque de Valence, a présidé le Clergé pour

la levée du corps. S. Em. le cardinal de Bonald, archevêque de Lyon, a reçu le corps de l'illustre défunt à la porte de l'église. Il a officié pontificalement comme aux fêtes de rit très grand solennel à la messe et à l'absoute. Mgr l'évêque d'Autun et Mgr l'évêque de Belley étaient aussi présents à la pieuse et touchante cérémonie.

« Signé : L. PAGNON, *v. g.* »

On peut lire sur la tombe de ce noble exilé, l'épitaphe suivante :

HIC JACET

ALOYSIUS FRANSONI

QUI

PRO JURIBUS ECCLESIÆ

VIRILITER DECERTANS

IN EXILIUM PULSUS

LUGDUNI DEFUNCTUS EST

DIE **XXVI** MARTII

ANNO DOMINI **MDCCCLXII**

« Ces événements appartiennent déjà à l'histoire. Elle racontera les luttes courageuses qui motivèrent l'exil de Mgr Fransoni. Elle a décerné déjà à ce grand évêque le titre de confesseur de la foi. Le récit de sa vie sera un honneur pour la sainte Eglise et apportera en des temps plus difficiles encore une consolation à ses enfants.

« C'est dans les premiers mois de l'année 1850 que commencent les épreuves de Mgr Fransoni. Il a défendu les droits de l'Eglise, en faisant écho aux protestations de Rome dans une lettre célèbre. Voici que par deux fois, coup sur coup, il est condamné à la prison.

« Rien ne peut ébranler la fermeté du pontife, ni troubler la sérénité de son âme. Et après le douloureux voyage qui l'a conduit à la prison de Fenestrelles, nous l'entendons dire à ses compagnons de route : « Le témoignage de ma « conscience me faisait éprouver, je ne dis pas seulement « une tranquillité, mais une joie intérieure difficile à « exprimer. »

« Le 25 septembre, la Cour d'appel de Turin prononce

contre le prisonnier de Fenestrelles la peine du bannissement. Et il faut péniblement s'acheminer vers les frontières de la patrie...

« Mais bientôt le confesseur de la foi a touché le sol de
la France, et désormais chacune de ses étapes devient un
triomphe. A Briançon, à Gap, à Grenoble, partout il reçoit
des populations les témoignages de la plus profonde vénération. Les évêques, les chapitres des cathédrales viennent
à sa rencontre; les autorités civiles s'empressent à le visiter; les notables ont à cœur de lui offrir de respectueux
hommages. C'est bien la France avec sa foi vivante et avec
ses traditions chevaleresques.

« Le samedi 5 octobre, le noble banni de Turin entrait à
Lyon. O chère ville de Lyon, ville de Marie et des œuvres,
voici qu'une fois encore tu seras aussi la ville des exilés!
Venez, anciens confesseurs, Anselme et Thomas de Cantorbéry, venez reconnaître votre frère, et dites-lui par quel
doux accueil autrefois, au pied de la colline de Fourvière,
votre exil fut consolé au milieu de la vénération et de l'amour.

« Ici, chers Messieurs, je vous dois de consigner vos
propres souvenirs. Le voyageur est descendu à l'hôtel du
Luxembourg, rue Saint-Dominique; mais sans retard le
cardinal de Bonald réclame ses droits fraternels et bientôt
lui fait accepter l'hospitalité de sa maison archiépiscopale.

« A la nouvelle de l'arrivée de l'exilé, Lyon s'émeut.
Les autorités civiles et militaires se succèdent à l'hôtel du
Luxembourg; le clergé, de nombreux représentants de la
société de la ville s'y présentent tour à tour; l'archevêque
de Bordeaux et l'évêque de Verdun présents à Lyon y
viennent saluer leur frère d'armes. Pendant plusieurs se-
maines, c'est à l'archevêché une suite ininterrompue de
visites. Le chapitre de la Primatiale, MM. les curés de
Lyon, les ouvriers de la Croix-Rousse eux-mêmes viennent
avec empressement recevoir, solliciter la bénédiction du
confesseur de la foi.

« Ce fut durant ces premiers jours que les prêtres du
diocèse étaient appelés à se réunir au grand séminaire pour
les exercices de la retraite annuelle. Peut-être se trouve-t-il

encore parmi vous, chers Messieurs, quelques anciens qui ont gardé le souvenir de cette journée mémorable de la clôture de retraite. Mgr Fransoni y accompagnait l'éminent cardinal de Bonald. Et voici que les cinq cents prêtres groupés autour des prélats, saisis d'un enthousiasme de respect, décernèrent un véritable triomphe à l'exilé. Le souffle qui animait les Irénée et les Pothin semblait passer dans les âmes, et on eût dit qu'on était revenu à ces jours, où l'assemblée émue des fidèles et des prêtres acclamait ses martyrs.

« Ce que fut parmi vous le noble exilé durant les douze années qu'il vécut à Lyon, vous n'en avez point perdu le souvenir. Beaucoup parmi vous, chers Messieurs, se rappellent cette physionomie tout épiscopale, digne à la fois, et empreinte de la plus gracieuse bonté.

« Mgr Fransoni, né patricien de Gênes, avait la noble simplicité de son origine. Mais son âme d'évêque ajoutait à cette distinction le parfum d'une humilité sincère et d'une charité à toute épreuve. Il vous souvient de l'édification que répandait autour d'elle cette vie modeste et pieuse. Sa joie était de répondre aux nombreuses invitations que lui faisaient MM. les curés et de venir apporter à leurs solennités le charme de sa présence. Volontiers il se prêtait au désir des pasteurs et donnait le sacrement de confirmation à leurs enfants. En dehors des actes du saint ministère, il vivait retiré dans sa demeure modeste, et s'il parcourait les rues de la ville, c'était en dissimulant les insignes de sa dignité. Le seul trésor dont il ne se sépara jamais, c'était la belle croix pectorale de Mgr Affre, qui lui avait été offerte au mois d'août 1850, par les mains d'Eugène Veuillot, au nom des catholiques français.

« Ce fut le 26 mars 1862 que s'éteignit au milieu de vous cette belle vie. Et, trois jours après, ses funérailles solennelles furent célébrées à l'église Primatiale. Notre vénéré prédécesseur, de pieuse mémoire, le cardinal de Bonald, voulut entourer cette solennité funèbre de tout l'éclat des grands deuils. Lui-même célébra sur ce cercueil glorieux la messe pontificale, et bénit la tombe du Pontife, dans la terre de l'exil il est vrai, mais dans la terre sanctifiée de notre vieille cathédrale.

« Nous avions espéré — et le vénérable chapitre de notre église Primatiale partageait cet espoir — que nous conserverions toujours ces dépouilles sacrées avec la vénération dont on entoure les reliques des saints. C'était pour l'Eglise de Lyon un trésor dont elle se regardait l'heureuse dépositaire; c'était un modèle placé sous nos yeux et le gage providentiel de la protection divine.

« Mais nous n'étions que dépositaires et nous comprenons que l'Eglise de Turin réclame le corps de celui qui reste une de ses gloires les plus pures.

« Il y a quelques mois, Son Eminence le cardinal archevêque de Turin nous exprimait le désir de rendre l'exilé à sa patrie, en ramenant dans sa ville archiépiscopale Mgr Fransoni, pour placer ses restes mortels auprès de ses frères les archevêques de Turin.

« Nous ne pouvions nous refuser à la réalisation d'un désir si légitime, et M. le consul général d'Italie est venu nous annoncer que toutes les formalités administratives et internationales étaient remplies et que le moment était venu de répondre aux instances du vénéré cardinal de Turin.

« A ces causes, après en avoir conféré avec nos vénérables frères les doyen et chanoines de notre chapitre primatial,

« Nous avons réglé ce qui suit :

Article Premier.

« Le samedi, 21 septembre, dans l'après-midi, aura lieu l'exhumation du corps de Sa Grandeur Révérendissime Mgr Louis Fransoni, archevêque de Turin, en présence des autorités civiles, de MM. les délégués de S. Em. le cardinal archevêque de Turin et du chapitre de notre primatiale.

« Nous assisterons à cette cérémonie.

Art. II.

« Le corps du vénérable prélat sera exposé dans la chapelle de Saint-Vincent-de-Paul pendant la journée du dimanche.

Art. III.

« Le lundi, à 9 heures précises, service solennel pour le repos de l'âme de Sa Grandeur Révérendissime Mgr Louis Fransoni, archevêque de Turin.

« Messe pontificale.

Art. IV.

« Nous invitons tous nos prêtres à ce service solennel, en habit de chœur autant que possible. Ils tiendront à honorer ce prélat dont nous garderons le souvenir et qui demeure notre modèle.

Art. V.

« Les membres des Communautés religieuses et les fidèles uniront leurs prières aux nôtres pour le repos de l'âme et, nous osons le dire, en l'honneur du grand archevêque de Turin.

« Fait à Lyon, le 8 septembre 1901, en la fête de la Nativité de Notre-Dame.

« † Pierre, card. COULLIÉ,
« *Archevêque de Lyon et de Vienne, Primat des Gaules.* »

Le 18 septembre, MM. les chanoines Sorasio et Verlucca, délégués du cardinal de Turin, arrivent à Lyon et font leurs visites. Vendredi et samedi, les préparatifs à la cathédrale attirent beaucoup de visiteurs. Samedi, 21, à trois heures du soir, l'exhumation se fait très solennellement, comme elle est annoncée, en présence de Son Eminence, des grands Vicaires, Chanoines, Délégués, Chapelains, Clercs, Secrétaire du consul, Commissaire de la Préfecture et d'un grand concours de fidèles. Après la levée du corps, il est porté processionnellement dans une chapelle ardente. Le lendemain, dimanche, après les vêpres, Son Eminence, Mgr l'archevêque de Chambéry, le chapitre, les délégués, vont à la chapelle ardente jeter l'eau bénite. Pendant cette journée, l'affluence des pieux lyonnais n'a pas discontinué autour du cercueil. Lundi, à 9 heures, a commencé la grande cérémonie. Son Eminence voulait qu'elle fût aussi solennelle et aussi imposante que celle du 29 mars 1862. Elle l'a été, en effet. Mgr de Chambéry, accompagné de NN. SS. les évêques de Belley, de Maroc et de Clermont, a fait la levée du corps. S. E. le cardinal archevêque a célébré la messe pontificale, donné l'absoute, et dit les dernières prières sur le perron de la primatiale. Un clergé nombreux et une assistance considérable remplissaient la vaste cathédrale. Beaucoup de ceux qui avaient été présents aux funérailles de 1862 ont eu à cœur d'assister à celles du 23 septembre. Le corps transporté à la gare était accompagné par deux chanoines et deux chapelains. Double procès-verbal a été dressé et signé de l'exhumation et de la translation, pour être conservé et à Turin et à Lyon. Après la cérémonie funèbre, M. Sorasio a lu avec émotion une adresse à Son Eminence, aux évêques et au chapitre de Lyon. En livrant les restes de Mgr Fransoni aux chanoines délégués, Son Eminence leur a remis la Lettre suivante pour le cardinal archevêque de Turin.

« Eminentissime Seigneur,

« Les dépouilles vénérables de Mgr Fransoni quittent notre ville ; nous répondons au désir de Votre Eminence en rendant au diocèse de Turin le corps de cet archevêque qui restera dans l'histoire une de ses gloires les plus pures.

« Ce n'est pas sans regret que nous abandonnons ce dépôt sacré pour notre Chapitre et pour nous. Si Votre Eminence avait pu assister samedi à l'exhumation, Elle aurait vu et admiré avec quelle attention et quelle vénération pour le cher défunt, les fidèles venus en grand nombre suivaient tous les détails de cette triste cérémonie. Il semblait que l'on assistait à la reconnaissance du corps d'un saint.

« Nous conserverons dans l'histoire diocésaine le souvenir de ce grand archevêque ; son épitaphe demeure dans notre Primatiale et nous la complèterons. Elle redira aux âges futurs le courage, la piété, la noble simplicité de Mgr Fransoni, exilé pour la défense des droits de la sainte

Eglise, et dans les jours difficiles nous nous rappellerons ses exemples.

« Désormais, les liens d'une respectueuse et profonde affection sont formés entre les diocèses de Turin et de Lyon ; nous les estimons comme un bienfait de Dieu et nous l'en remercions.

« Veuillez, Seigneur Eminentissime, me permettre de baiser votre pourpre sacrée et d'affirmer les sentiments avec lesquels j'ai l'honneur d'être,

« de Votre Eminence,

« le très humble, très dévoué et vrai serviteur,

« † PIERRE, Cardinal COULLIÉ,

« *Archevêque de Lyon et de Vienne, Primat des Gaules.* »

Des difficultés de douane à la frontière ayant apporté un retard à Modane, les obsèques n'ont pu avoir lieu le 24 à Turin, mais seulement le 25. Or, par une mystérieuse coïncidence, le mercredi 25 septembre 1850, la Cour suprême de Turin, toutes chambres réunies, condamnait Mgr Fransoni au bannissement et mettait sous le sequestre tous les biens de la Mense. Et le mercredi 25 septembre 1901, Mgr Fransoni rentrait triomphant, porté par ses prêtres, dans sa cathédrale remplie d'une assistance émue et frémissante. Dix-huit pontifes faisaient autour de lui comme un concile, redisant dans leur cœur les actes de sa foi ardente et courageuse. C'était, le cardinal archevêque de Turin, les archevêques de Verceil, de Cagliari et de Clandiopoli et les évêques de Fossano, Aoste, Suze, Novare, Alba, Casale, Pignerol, Saluces, Cuneo, Mondovi, Alexandrie, Ivrée, Acqui et Tibériade. Le lendemain de ces royales obsèques, le cardinal de Turin adressait au cardinal de Lyon la lettre suivante :

Torino, le 26 septembre 1901.

« Eminence,

« Les délégués du vénérable Chapitre de ma cathédrale m'ont relaté les majestueuses cérémonies, que Vous, Révérendissime Monseigneur, en l'honneur de Mgr Fransoni, avez accomplies personnellement avec plusieurs évêques, votre illustre Chapitre, et le clergé de cette noble ville, parmi un grand concours de fidèles. Je Vous en remercie, Eminence, vivement ; et, si Vous me le permettez, je Vous prie de faire agréer mon remerciement à chacun des évêques qui y ont pris part. Vous, avec eux, avez honoré hautement mon prédécesseur, Mgr Fransoni, tant désiré par nous, et en lui, honoré la cité de Turin, le clergé turinois, moi-même. Merci, Eminence.

« De plus, votre belle lettre, où Vous parlez de l'affection qui, en cette circonstance, s'est manifestée spontanément entre votre ville et la ville de Turin, me fait bénir la divine Providence, qui d'un malheur tire un immense bienfait, l'échange de relations amoureusement fraternelles. C'est un défaut qui nous donne une consolation de vie ! Oui, Mgr Fransoni est aujourd'hui chez nous, mais il y est comme citoyen de Lyon ; et pour cela nous le garderons avec l'affection des Lyonnais. Venez le voir à Turin ; il est encore vôtre. Je ne puis pas empêcher l'exercice de ce qui est vôtre parce que votre amour pour lui est le nôtre. Le nom de Mgr Fransoni vous redira toujours la sainte fraternité de Turin avec Lyon.

« Veuillez, Eminence, me permettre de baiser humblement les mains avec large effusion de cœur, en me disant,

« de votre Eminence,

« le vrai serviteur très dévoué en Jésus-Christ.

« † Augustin card. RICHELMY,

« archevêque. »

Mgr Fransoni avait subi deux fois l'incarcération : à Turin puis à Fenestrelle, et deux fois il avait été en exil : à Genève et à Lyon. C'est pourquoi Dieu lui réservait quatre fois de somptueuses et émouvantes funérailles. Le jeudi 3 octobre, la Métropole de Turin était de nouveau envahie par le clergé de tout l'archidiocèse, par une société choisie au milieu de laquelle était représentée la famille de l'illustre défunt, et par un grand nombre d'associations catholiques entourant leurs bannières. La présence du cardinal de Turin, la messe célébrée par Mgr Spandre, des chants admirablement exécutés, une éloquente improvisation de Mgr Colomiatti, telle a été cette belle cérémonie, après laquelle la foule pieuse s'est portée vers le monument de marbre élevé au vénérable confesseur, pour saluer sa noble figure et lire l'inscription funéraire que nous donnons ici :

ALOYSIUS EX MARCHION. FRANSONIUS
DOMO. GENUÆ
ARCHIEPISCOPUS. TAURINENSIUM
AB. AN. MDCCCXXXII. USQUE. AD. AN. MDCCCLXII
INFENSA. CHRISTIANO. NOMINI. TEMPORA. NACTUS
PAREM. SE. ASPERIS. REBUS. PRÆSTANS
JURA. DIVINA. FORTITER. ET. SAPIENTER. ADSERUIT
LUGDUNI. IN GALLIA. PRO. RELIGIONE. EXSUL. AN. MDCCCL
OMNIBUS. VIRTUTIS. EXEMPLAR. REFULSIT
IBIQUE. OBIIT. SEPT. CAL. APR. MDCCCLXII
DESIDERATISSIMI. PARENTIS. EXUVIÆ
EPISCOPIS. PEDEM. SACERDOTIBUS. CIVIBUS. ADCLAMANTIBUS
AUGUSTINO. RICHELMY. PRESBYT. CARD. ARCHIEPISCOPO
ATQUE. CANONICIS. ECCLESIÆ. METROP. ADNITENTIBUS
LUGDUNO. TRANSLATÆ. IN TEMPLO. PRINCIPE. CONDITÆ. SUNT
MAXIMA. CLERI. POPULIQUE. FREQUENTIA
AUGUSTÆ. TAUR. OCT. CAL. OCTOBR. MCMI

L'église de Lyon a perdu le corps de Mgr Fransoni, mais jamais elle n'en pourra perdre le souvenir. Elle n'a plus ses reliques, mais elle est toujours le reliquaire. C'est ici qu'il a vécu en exil, et comme dans une autre patrie, c'est ici qu'il est mort et qu'il a reposé près d'un demi-siècle dans la paix du Seigneur. Comme dans nos vieux obituaires, nous graverons son nom qui nous redira toujours sa louange.

LUGDUNI. OBIIT. ALOYSIUS. FRANSONI. EPISC. TAURIN
VIR. NOBILIS. DISCRETUS. VENERABILIS
BONÆ. AC. FIDELIS. MEMORIÆ

C. COMTE.